Goldstadt-Wanderführer
Ischia
Joachim Deumling

Goldstadt-Reiseführer
Band 454

Ischia

**39 ausgewählte Wanderungen
Ausflüge nach
Capri, Procida
Pompeji, Herculaneum,
Paestum, zu den
Phlegräischen Feldern
und Ventotene**

Dr. Joachim Deumling

12 Farbfotos
44 Fotos schwarzweiß
34 Wanderskizzen,
    Pläne und Zeichnungen
 1 Lageplan der Wanderungen

GOLDSTADTVERLAG PFORZHEIM

Titelbild: Blick von dem Yoga-Felsen über die Thermalanlagen
der Poseidon-Gärten bis nach Forio

Fotos: J. Deumling, ENIT, Poseidon-Gärten sowie Ingeborg Picker

Skizzen und Stadtpläne: Goldstadtverlag

ISBN 3-87269-454-5

Vertrieb: GeoCenter Verlagsvertrieb GmbH, München

019039050

INHALTSVERZEICHNIS

VORWORT

Ich habe auf Ischia nicht nur gern gebadet, sondern bin auch viel gewandert. Als sich dabei oft Gäste der Insel anschlossen, habe ich für sie und den Deutschen Alpenverein etwas geschrieben. Daraus ist dieses Büchlein entstanden. Die 1. Auflage war schnell vergriffen. Jetzt komme ich dazu, mehr über die Insel und ihre Umgebung zu schreiben sowie auf ihre geologische Eigenart und ihre Geschichte einzugehen. Der Hauptteil bleibt wie bisher den Wanderungen und Spaziergängen vorbehalten.

Ich möchte es nicht versäumen, Prof. Hans Pichler für seine interessanten Gespräche über das Vulkangebiet um Neapel zu danken, ebenso auch Rino Monti, der mir als Sohn der Insel viel über Land und Leute erzählen konnte.

Ich denke aber auch an die vielen Einheimischen, die stets hilfsbereit waren und mir manchen Weg gezeigt haben. So fragte ich einmal einen Weinbauern, ob ich auf den vor uns liegenden Berg direkt oder über die Serpentinen zum Gipfel steigen sollte. Er befaßte prüfend meine nackten Waden, als wenn er einen Esel kaufen wollte, und sagte dann anerkennend: „ D u kannst direkt hinaufsteigen!"

Bei einem anderen durfte ich sein Grundstück überqueren, wenn ich mit ihm frühstückte, natürlich mit Wein. So habe ich den liebenswerten Menschen Ischias viel zu verdanken.

Ich wünsche nun allen Lesern, daß sie viel Freude bei den Bädern, am Strand und vor allen Dingen auch beim Wandern haben.

Die Insel – „ein Paradies"

Es war an einem späten Nachmittag in den Posei-dongärten. Die Sonne stand schon tief. Von den Terrassen an der Felsenwand schaute ich über plätschernde Thermalbecken und die blühende Gartenanlage zum Meer. Die milde Luft war beruhigend und anregend zugleich. Das ist hier kein Gegensatz. Es ist eine Atmosphäre, in der man sich nach einem abwechslungsreichen Tag auf einen schönen Abend freut. Vor mir saß ein älteres Ehepaar auf einer Bank. Die Frau sagte zu ihrem Mann: „Weißt Du, so stelle ich mir das Paradies vor!" Sie standen auf und verschwanden in gemächlichem Schritt auf einem Weg zwischen grünen Sträuchern und bunten Blumen.

Auf einer Wanderung führte ich einige Freunde oberhalb von Madonna di Montevergine so zum Meer, daß wir ganz plötzlich oben an der blühen-den Steilküste standen und im Sonnenschein weit auf die See hinausblicken konnten. Schweigend blieben wir stehen. Dann sagte eine der Frauen: „Ich habe nicht geglaubt, daß ich noch so etwas Schönes erleben würde!" Wie glücklich sind Men-schen, die so empfinden können, und wie schön muß eine Insel sein, die so beeindrucken kann!

Die Gäste, die nach Ischia kommen, suchen hier zunächst Heilung im Thermalwasser und fin-den sie meistens auch. Viele von ihnen kommen nicht nur deswegen wieder. Sie fühlen sich hier wie verwandelt und empfinden eine ungeahnte Lebensfreude. Weltbekannte Fußballspieler, die ihre Verletzungen kurierten, vergaßen ihre Verträge und spielten unerlaubt und fröhlich in zwei Dorfmannschaften mit. Die italienischen Zuschauer belohnten sie mit lautem Jubel.

Ein lebensfroher Pfarrer pflegte die Gäste in den Hotels mit herrlichen Arien von Verdi zu einer deutschen Messe einzuladen. Wenn er die Gläubigen in seiner Kirche zum Gebet aufforderte, schloß er mit den Worten: „Aber beten Sie auch für mich!" Er brauchte das wohl sehr, weil er ein recht fröhlicher Mensch der Insel war.

Bekannte und unbekannte Maler bleiben auf Ischia oder kehren immer wieder hierher zurück. Wissenschaftler der Archäologie, Geologie und der Botanik finden hier eine geistige Heimat.

Zu diesen Wahl-Ischianern gehören auch Gäste, die fast jeden Sommer einige Wochen hier sind. Man trifft sie in den Thermalbädern, den Cafés und Tavernen. Es wird erzählt, was man Schönes erlebt hat. Der eine schwärmt von dem Sonnenaufgang auf dem Epomeo, ein anderer von einer Bootsfahrt in magische Höhlen. Mancher ist begeistert von einer vulkanischen Schlucht mit subtropischem Pflanzenreichtum. Dann hört man von einsamen Meeresbuchten und abwechslungsreichen Tagesausflügen. Nie wird man sich darüber einigen, welches der schönste Ort der Insel ist, ja, es ist geradezu eine Weltanschauung, ob man am besten in Porto, Forio, S. Angelo oder vielleicht woanders wohnt. Aber auch solche Gespräche verlaufen harmonisch. Man freut sich gemeinsam darüber, auf einer Insel mit so vielen Möglichkeiten zu sein.

Castello, Torre Michelangelo, Carta Romana

Villa mit Blick auf Montagione

Haus in Serrara am Wege zur Via Panoramica

Gipfel des Epomeo

Apotheke in S. Nicola

Kapelle in S. Nicola auf dem Epomeo

Poseidongärten
an der Punta Imperatore

Felsenmuster im Poseidon

S. Angelo
mit Halbinsel Roja

Marontistrand mit S. Angelo

Messe in Madonna Montevergine

Giardino Essotico

Insel Ponza – das weiße Kap

Insel Ventotene

WANDERWEGE AUF ISCHIA

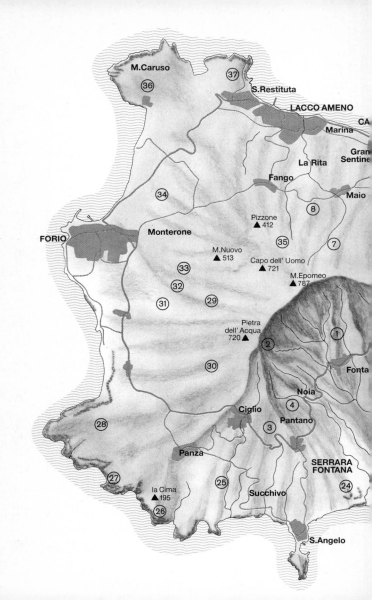

DIE INSEL ISCHIA

Geographie und Geologie

Ischia verdankt seine liebliche Mannigfaltigkeit der geologischen Entstehung. Über 40 Vulkane haben die Insel aus dem Meer gehoben und geformt. Der deutsche Geologe Prof. Pichler hat das in einer interessanten Publikation mit 25 geologischen Exkursionen eindrucksvoll beschrieben. Seine folgende Abbildung zeigt in einem Querschnitt viele der erloschenen Vulkane mit ihren Gesteinsschichten und Verwerfungen. Das setzt sich im Meer fort.

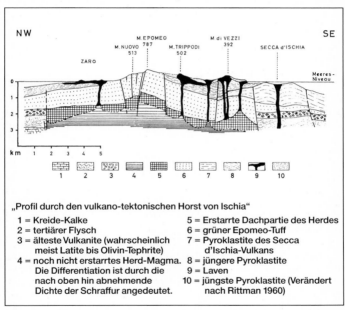

„Profil durch den vulkano-tektonischen Horst von Ischia"

1 = Kreide-Kalke
2 = tertiärer Flysch
3 = älteste Vulkanite (wahrscheinlich meist Latite bis Olivin-Tephrite)
   Die Differentiation ist durch die nach oben hin abnehmende Dichte der Schraffur angedeutet.
4 = noch nicht erstarrtes Herd-Magma.

5 = Erstarrte Dachpartie des Herdes
6 = grüner Epomeo-Tuff
7 = Pyroklastite des Secca d'Ischia-Vulkans
8 = jüngere Pyroklastite
9 = Laven
10 = jüngste Pyroklastite (Verändert nach Rittman 1960)

Die See hat dazu beigetragen, daß am Rande der Insel Abbrüche quer durch die Formationen erfolgt sind. Weiche Gesteinsmassen wurden herausgespült. So entstanden Höhlen. Auch in den Bergen haben Wind und Wetter die Felsen angenagt und bizzare Formen des Gesteins gestaltet wie z.B. auf dem Epomeo.

15

Auf Landkarten sieht man südlich des Epomeo eine große, hufeisenförmige Vertiefung. Früher nahm man an, daß sie der Krater des größten Vulkans der Insel sei. Das ist nicht der Fall. Die aus der Tiefe hochgedrückte riesige Scholle des Epomeo wurde so stark abgespült, daß dadurch dieser gewaltige Erosionskessel entstand.

In vergangenen Jahrhunderten waren Vulkanausbrüche und Erdbeben so stark, daß mehrmals viele Einwohner die Insel verließen. Inzwischen haben die Vulkane sich beruhigt. Die letzte Eruption erfolgte 1301 von dem Monte Arso, das letzte große Erdbeben 1883 im Raume von Casamicciola. Die heißen Quellen, in deren Wasser wir uns so wohl fühlen, sind ein Geschenk dieser Vergangenheit, ebenso auch der heiße Sand des Marontistrandes. Wenn wir heute noch an verschiedenen Stellen der Insel Schwefeldämpfe aus der Erde steigen sehen, erinnern uns diese Fumarolen an die bewegte geologische Vergangenheit.

Wenn Verwitterungsboden aus Lava entsteht, ist er fruchtbar. Diese Schlacke bleibt zwar etwa 500 Jahre nahezu steril. Zunächst lockert die Säure von Flechten die Oberfläche. Die Wurzeln des Ginsters setzen diese Arbeit so intensiv fort, daß man heute auf Ischia sterile Lava fast nur noch an späteren Abbrüchen sieht. Daß die Gesteinsschichten durch Eruptionen durcheinandergewirbelt wurden, ist ein Vorteil, weil so mit der Verwitterung zusammen fast überall Pflanzenwuchs möglich geworden ist. Wenn man auf Wanderungen bei verschiedenen Winzern den Wein kostet, ist man überrascht, daß er aus gleichen Reben verschieden schmeckt. Das liegt daran, daß der Boden in einzelnen Gärten oft eine ganz andere Zusammensetzung hat.

Man nennt Ischia die grüne Insel. Die Sonne scheint hier 254 Tage. Die Niederschlagsmenge beträgt jährlich bis zu 1000 mm, ist also wesentlich höher als in den meisten Gebieten Süditaliens. Das Massiv des Epomeo zieht die Wolken an und sorgt so für den wertvollen Regen. Es ist erstaunlich, daß die Bewohner der Insel trotzdem immer wieder um Trinkwasser kämpfen mußten. An zahlreichen Stellen sieht man Zisternen verschiedener Art, doch der größte Teil der Niederschläge versickert in dem porösen Gestein. Brunnen haben deswegen mitunter mineralische Zusätze, die zwar für Thermalbäder erwünscht sind, aber die Qualität des Trinkwassers beeinträchtigen. Ende 1958 hat man dieses Problem dadurch gelöst, daß man eine Wasserleitung vom Festland über Procida nach Ischia gelegt hat. Das Wasser im Untergrund geht aber nicht verloren. Es speist die Thermalquellen und versorgt die Pflanzen mit wertvollem Naß. Besonders an den Nordhängen der Insel entsteht dadurch eine erstaunlich üppige Vegetation, die noch durch vulkanische Wärme des Bodens gefördert wird. Meerwasser dringt durch natürliche Kanäle weit in den Untergrund der Insel vor und bereichert viele Thermalquellen.

Ischia hat eine Oberfläche von 46 qkm und eine Küstenlänge von 37 km, ist also eine der großen italienischen Inseln. Die etwa 40 000 Einwohner leben meistens in den Randgebieten. Obwohl jährlich zahlreiche Touristen mit mehreren Millionen Übernachtungen kommen, ist das Innere der Insel oft von einer idyllischen Einsamkeit. Selbst wenn man sie in der Hochsaison überquert und nicht gerade über den Epomeo wandert, trifft man nur sehr wenige Menschen.

Die Ortschaften werden immer größer. Im Inneren dehnen sich der Wald und das Gestrüpp aus. Oft sieht man mitten im Forst Reste von früheren Gehöften. Kastanien- und Akazienhaine sind entstanden, wo einst Gärten waren. Es fällt auf, daß in höheren Lagen viele Weingärten nicht mehr bestellt werden. Wenn man im Hotel oder sonst für den Tourismus arbeitet, lohnt sich die Bestellung entlegener Grundstücke nicht mehr.

Man darf aber auch nicht verkennen, daß dieser Verdienst selbst Familien auf einsamen Höfen einen bescheidenen Wohlstand bringt. Ich ging einmal in etwa 400 m Höhe zu einem Weinbauern, der auch ausschenkt. Als ich ankam, waren auf dem Hof nur der Esel, ein Hund, eine Katze und die Hühner. Ich mußte an die Bremer Stadtmusikanten denken. Nach einer Weile kam der Bauer mit Kaninchenfutter. Wir machten zusammen Brotzeit. Der Wein war gut, der Schinken auch. Dann strichen wir etwas Olivenöl aufs Brot und würzten es mit Paprika. Mein Wirt bedauerte nur, daß ich nicht noch Zeit hatte, mit ihm warm zu essen. Ich fragte, wo seine Frau sei. Er erzählte, daß sie in einem Hotel arbeitet, die Tochter auch. Der Sohn hatte ein Microtaxi. Er war jetzt hier mit seinem Freund allein, und das war der Hund. Im Winter lebt die ganze Familie zusammen. Er hat dann für Vorräte gesorgt und auch noch beim Ausschank etwas verdient. So war er mit sich, seiner Familie und der Welt zufrieden.

Interessantes aus der Geschichte Ischias

Eine perfektionistische, selbst nur kurze Darstellung der Geschichte der Insel würde den Urlauber mehr verwirren als erfreuen. Ischia war nicht groß genug, um jemals selbst eine bedeutende historische Rolle zu spielen. Immer wieder haben jedoch Eroberer des Festlandes und Seemächte hart in das Schicksal der Insel eingegriffen. Hier wird zunächst auf die wichtigsten historischen Ereignisse hingewiesen. Auf unseren Wanderungen und Ausflügen werden wir oft an Stätten kommen, die uns an die Geschehnisse der Vergangenheit erinnern. Daran werden wir nicht achtlos vorbeigehen.

Als die Griechen im 8. Jahrhundert v.Chr. in Süditalien vordrangen, erkannten sie bald, daß ihnen im Norden durch die aufstrebende Macht der Etrusker Grenzen gesetzt wurden. Sie waren klug genug, sich erst auf einer Insel einen Stützpunkt auszubauen, ehe sie auf das Festland gingen. Ischia eignete sich dafür sehr gut. Auf dem Monte Vico bei Lacco Ameno und an einigen anderen Stellen errichteten sie befestigte Siedlungen. Von hier war es nicht weit zu dem günstigen Festlandshafen Baia, der durch die Naturfestung Kyme (Cuma) geschützt werden konnte. Diese Gegend wurde bald der nördliche Eckpfeiler der griechischen Siedlungen in Süditalien.

Das Schicksal Ischias wurde im 5. Jahrhundert durch die größte Koalition des klassischen Altertums (Mommsen) beeinflußt. Sie ist eigenartigerweise nahezu in Vergessenheit geraten. Die Seefahrernation der Phönizier hatte seit jeher die aktive Konkurrenz der Griechen bekämpft. Das änderte sich nicht, als die Perser zum Mittelmeer vordrangen. Die unterlegenen Phönizier arrangierten sich mit ihren neuen Herren und stellten ihnen nicht nur ihre Flotte gegen die Griechen zur Verfügung. Sie sorgten auch dafür, daß ihre Tochterstadt Karthago sich an dieser Politik beteiligte. Die Etrusker waren schon früher im Seegebiet Italiens mit den Karthagern gemeinsam gegen die Griechen vorgegangen.

Als die Griechen 482 v.Chr. die Straße von Messina für alle fremden Schiffe sperrten, wurde auch der blühende Export der Etrusker entscheidend getroffen. Im Zeitalter der Küstenschifffahrt war man auf diesen Seeweg angewiesen. Perser, Phönizier, Karthager und Etrusker entschlossen sich nun, gemeinsam gegen die Griechen loszuschlagen. So kam es für die Griechen zu einem Zweifrontenkrieg und zwei Entscheidungsschlachten an einem Tag. Meistens ist nur die eine bekannt, Salamis. Man denkt kaum an Herodots Bericht, daß am gleichen Tag die Karthager auf Sizilien von den Griechen vernichtend geschlagen wurden und eine enorme Kriegsentschädigung zahlen mußten.

Die Etrusker konnten sich damit nicht abfinden. Sie versuchten 474 v.Chr. die griechische Nordbastion Kyme zu erobern. Hieron von Syrakus kam sofort zu Hilfe und vernichtete die gesamte etruskische Flotte während ihrer Landung bei Baia.

Für Ischia hatte das eine überraschende Folge. Die klugen Griechen von Kyme schenkten Hieron die Insel. Sie beglichen damit nicht nur eine Dankesschuld, sondern konnten sich jetzt auch darauf verlassen, daß sie so einen sicheren Schutz gegen die Etrusker erhielten. Hieron sorgte nicht nur dafür. Er baute Ischia als Basis für seine Raubzüge zu der schutzlosen etruskischen Küste aus. Für die Etrusker war das der Anfang vom Ende, für Ischia aber ein wirtschaftlicher und kultureller Aufschwung. Hieron war nicht nur ein mächtiger Herrscher. Er förderte auch Kunst und Wissenschaft. Das wirkte sich natürlich auch auf alle seine Städte aus. Für Ischia ging diese glanzvolle Zeit 400 v.Chr. abrupt zu Ende. Ein Vulkanausbruch und Erdbeben zerstörten die meisten Siedlungen, und die Griechen verließen die Insel.

Als die Römer nach Süditalien kamen, stellten sie bald fest, daß man auf Ischia schön leben konnte. Sie schätzten auch die heilenden Bäder, von denen die Carta Romana ihren Namen trägt. In der Cava Scura und an der Citara-Bucht sehen wir noch heute Reste ihrer Thermalanlagen.

Im römischen Bürgerkrieg war Ischia auf der falschen Seite. Marius fand hier Zuflucht. Man stellte ihm sogar ein Schiff zur Verfügung, auf dem er nach Afrika entkommen konnte. Sulla ließ daraufhin die Insel plündern und beschlagnahmte sie für Rom. 5 n.Chr. tauschte Kaiser Augustus Ischia auf Wunsch seiner Tochter Julia gegen Capri ein. So kam es zu Neapel.

Mit dem Niedergang des römischen Reiches erlebte Ischia auch viele ungebetene Gäste, welche die Orte am Meer oft schlimmer als Vulkane und Erdbeben heimsuchten. Im Mittelalter haben dann zwei bedeutende Frauen der Insel schöne Zeiten beschert.

Auf eigenartige Weise kam damals Ischia an das spanische Geschlecht Aragon. Eine Enkelin Friedrichs II., Konstanze, war dem Untergang der Hohenstaufen entgangen. Ihre territorialen Ansprüche in Süditalien übertrug sie klugerweise ihrem Gemahl, Peter von Aragon. Nach wechselvollen Kämpfen mit den Anjous gelang es Alfonso von Aragon 1438 Ischia endgültig zu erobern. Für seine Soldaten sorgte er auf besondere Weise. Er verjagte 600 Männer von der Insel und ließ deren Frauen mit seinen Spaniern verheiraten. Noch heute spricht man in Porto und Ponte nicht ohne Stolz von spanischen Vorfahren.

Das Castello ließ Alfonso durch einen Damm mit dem Festland verbinden und als Residenz ausbauen. Seit dieser Zeit nennt man es Castello Aragonese. Als Herrscher von Neapel überließ er dieses Schloß seiner Geliebten Lucrezia d'Alango. Sie war eine Hetäre von Format und machte aus dem Castello ein Zentrum kultivierter Lebensfreude. Wer damals etwas bedeuten wollte, erschien auf ihren glanzvollen Festen.

1509 heiratete Herzog Ferrante Avalos auf dem Castello Vittoria Colonna. Sie war eine bekannte Dichterin und gilt als eine der bedeutendsten Frauen Italiens. 1525 besiegte der Herzog als kaiserlicher General bei Pavia Franz I. von Frankreich und nahm ihn gefangen. Bekannt wurde damals dessen Ausspruch: „J'ai perdu tout sauf l'honneur!" Ferrante starb noch im gleichen Jahr.

Unter Vittoria Colonna wurde das Castello eine geistige und kulturelle Stätte besonderer Art. Die Dichter Boccacio, Tasso und Ariost weilten oft hier, auch der Humanist Petrarca. Als Vittoria bereits 47 Jahre alt war, begegnete ihr in Rom der erheblich ältere Michelangelo Buonarroti. Es wurde eine geistige Freundschaft voller gegenseitiger Anregung. Sie war die einzige Frau, die dem Meister wirklich nahegestanden hat. Oft schrieb sie ihm in Versen. Auch er antwortete in Sonetten. Wahrscheinlich hat er ihr Anregungen für ihre Zeichnungen und Malereien gegeben. Als ihr Gast auf Ischia hat Michelangelo wohl die einzige ruhige und beschauliche Zeit seines konfliktreichen Lebens verbracht. Er war erschüttert, als sie in Rom von der Inquisition verfolgt wurde und dahinsiechte.

Noch heute steht in der Nähe des Castello das turmartige, helle Gebäude, welches Michelangelo ausgebaut hat, die Torre Michelangelo. Man erzählt, daß er von hier aus Vittoria Colonna zuwinkte. Ja, man will sogar von einem Gang wissen, in dem sich beide heimlich trafen. Wer diesen Gang suchte, soll dabei umgekommen sein.

In der folgenden Zeit wurde die Insel oft von türkischen Piraten überfallen. Der bekannteste von ihnen, Admiral Chaireddin Barbarossa, war wohl nicht mehr oder weniger Seeräuber als seine englischen Kollegen Drake und Raleigh. Ihre allerchristlichste Majestät, der König von Frankreich, ließ ihn mit der türkischen Flotte in Toulon einen ehrenvollen Empfang zuteil werden.

1713 kam Ischia durch Erbfolge unter die Herrschaft der Bourbonen, welche die Insel nicht schlecht regierten. In den Wirren der napoleonischen Kriege mußte Ischia schwer leiden, weil seine Bewohner sich der französischen Revolution anschlossen. Admiral Nelson ließ das Castello beschießen und warf einen Aufstand der Bürger blutig nieder. Der schwer versehrte und oft seekranke Nelson fand an Land Erholung bei Lady Hamilton, deren Mann britischer Konsul in Neapel war. In den wechselvollen Kämpfen wurde das Castello auch noch zum zweiten Mal beschossen und nie vollständig wieder aufgebaut.

Die Thermalquellen
und ihre Gärten

Ischia besitzt das größte und vielseitigste Vorkommen von Thermalquellen in Europa. Seit über 2700 Jahren haben viele Millionen Menschen hier Erholung und Heilung gefunden.

Der Arzt Guilio Jasolino hat bereits im 16. Jahrhundert die Zusammensetzung und Wirkung der meisten Quellen so genau erforscht, daß seine Erkenntnisse durch die moderne Medizin nur ergänzt und verfeinert zu werden brauchten. Das Wasser ist alkalisch und mäßig radioaktiv. Es enthält Schwefel, Jod, Chlor, Eisen, Kali und Spurenelemente anderer Wirkstoffe. Je nach Zusammensetzung gilt es als Heilmittel bei Rheuma, Arthrose, Neuralgien, Gelenkentzündungen und Stoffwechselstörungen sowie für die Folgen von Brüchen, Quetschungen, Muskelrissen und Sehnenzerrungen. Viele Kurgäste haben auch bei anderen Erkrankungen Hilfe gefunden. Nicht nur einer sagte zu mir: „Ich verdanke Ischia, daß ich noch laufen kann und nicht im Rollstuhl sitze." Die speziellen Zusammensetzungen des Wassers werden von Manioli beschrieben.

Wer eine Kur machen will, muß sich unbedingt von einem Arzt beraten lassen, zumal bei bestimmten Erkrankungen einige Quellen besonders zu empfehlen sind. Auch sollte man fragen, ob man neben den Thermalbädern in dem noch so verlockenden Meer schwimmen darf. Auf jeden Fall ist ein Übermaß von Thermalbädern und Sonne zu vermeiden.

Viele Patienten, die sich mit Fango behandeln lassen, wissen nicht, daß dieser Heilschlamm seinen Namen von einem kleinen Ort auf Ischia hat, der es leider nicht versteht, mit diesem berühmten Wort richtig zu werben. Fango ist eine Zusammensetzung von Ton, Tuff und Sand und enthält Wirkstoffe, die ihm durch Thermalwasser zugeführt werden, außerdem auch Bestandteile von Algen und anderen Pflanzen.

Die Kurerfolge auf Ischia sind auch dadurch zu erklären, daß zu der Heilwirkung der Quellen noch die Freude an der Kur in den Thermalgärten kommt. Es ist ein Glücksfall, daß die Quellen, der heiße Sand und Fango in einer besonders schönen Landschaft vorkommen. Ein deutscher Unternehmer kam als Patient auf den Gedanken, aus den vorhandenen Möglichkeiten etwas Großes zu

Anlagen der Poseidongärten

schaffen. Daraus sind die **Poseidongärten** entstanden. Hier an der Citarabucht haben schon die Römer Grotten für ihre Bäder gebaut. Eine kleine, etwas abseits gelegene Anlage florierte nicht so recht. Man versuchte sogar, aus der Wärme der Quellen Elektrizität zu gewinnen. Dr. Kuttner erkannte dann, was man hier erreichen konnte, wenn man großzügig plante und aktiv handelte. Es war schon eine schwierige Aufgabe, den zersplitterten Grundbesitz zusammenzukaufen. Heute beträgt die Fläche 60 000 qm mit 600 m Sandstrand. Es wurden 21 Thermal- und Kneippbecken mit Temperaturen zwischen 15° und 40° errichtet. Durch alle Becken fließt ständig quellfrisches Thermalwasser. An mehreren Stellen der Thermalbecken ist ein Wassersturz, in dem man nicht nur Hals- und Rückenmassage haben, sondern auch das herabplätschernde Wasser genießen kann.

Während der kühlen Jahreszeit kann man in einer großen Halle baden. Hier steht ein erfahrener Arzt zur Verfügung. Auch für Massage und Kosmetik wird gesorgt. Ebenso ist eine Inhalationsanlage vorhanden.

Natürlich wird auch für das leibliche Wohl viel geboten. An einem gepflegten Buffet kann man mit Vernunft wählen, was Zunge und Magen begehren. Auf einer weiten Terrasse kann man das Ausgesuchte in Ruhe genießen. Recht fröhlich geht es in den Weingrotten zu, die aus alten römischen Bädern entstanden sind.

Es fällt auf, daß man hier wenige Menschen allein sieht. Schon in den Thermalbecken bilden sich Gruppen. Man freut sich, wenn man sich am nächsten Tag wiedersieht. Den Abschiedsschmerz überwindet man an einem schönen Platz beim Wein.

Nicht weit von Porto am Rande von Casamicciola befindet sich der **Thermalgarten Castiglione** am Hang einer schönen Bucht mit dem Blick auf den Golf von Neapel. Er ist 40 000 qm groß und hat 6 Thermalbecken (30-40°) im Freien und 2 in einer Halle. Das Wasser in den modernen Anlagen wird ständig erneuert. Unter ärztlicher Aufsicht werden Massagen, gynäkologische Kuren, Inhalationen, Kosmetik, Maniküre und Pediküre geboten. Die Verkehrsverbindung von Porto aus ist besonders günstig, da die Omnibusse der Linien 1, 3, 4, CD und CS am Eingang halten.

In S. Angelo gibt es die beiden **Thermalgärten Aphrodite und Apollo.** Sie haben gute Quellen und umfangreiche Thermalanlagen sowie ein Süßwasserschwimmbecken. Auch hier ist eine vielseitige Heilbehandlung möglich. Es steht auch eine FKK-Terrasse zur Verfügung. Sehr schön ist der Ausblick auf das Meer, die Halbinsel Roja, den Marontistrand und die Berge.

Auf das **Freibad Sorgeto** bei Panza mit seinen Thermalquellen sowie auf die aus der Römerzeit stammenden Badeanlagen der Cava Scura wird noch bei zwei Wanderungen hingewiesen.

Eine besondere Rolle spielt die **Nitrodi-Quelle,** auch Nitruoli genannt. Sie befindet sich am Südrand von Buonopane vor Barano. Viele Einheimische und Neapolitaner, aber auch so mancher Kurgast suchen sie auf, um Heilung gegen Allergien und bei offenen Wunden zu finden. Man erreicht sie mit den Bussen CD und CS und braucht von der nach ihr benannten Haltestelle nur etwa 300 m abwärts zu gehen. Die ganze Badeeinrichtung besteht aus einem dicken und einem dünnen Rohr, aus denen man sich ganz oder nur an einzelnen Körperteilen berieseln lassen kann. Das große Rohr befindet sich in einer Felsenspalte hinter einem Stangengitter, dessen Tür abgeschlossen werden kann. Man entkleidet sich zwanglos, steigt einige Stufen hinab und läßt das warme Heilwasser auf den Körper sprudeln. Vor den Stufen ist ein Wasserhahn und daneben ein Stuhl, auf den man sich setzen kann, wenn man nur ein Bein berieseln lassen will. Auch holen hier viele Besucher Wasser in Kanistern und Flaschen, um es für die weitere Behandlung mit nach Hause zu nehmen odr zu trinken. Ich selbst behandele so meine Hautabschürfungen. Unverbindlicher Ratschlag eines Laien: etwa 3 mal 10 Minuten das Wasser über die Wunde laufen lassen.

Die Eigentümer der Quelle haben daneben ein schlichtes Lokal mit einer Terrasse eingerichtet, von der man einen herrlichen Ausblick zum Meer hat. Man kann hier auch gut essen, z.B. Artischocken, sowie den Landwein des Hauses trinken.

Viele Hotels haben gepflegte Thermalanlagen.

An der schlichten Quelle Nitrodi kann man
Heilung von Wunden und Allergien finden

Die Gemeinde Ischia

Man wundert sich etwas, wenn man auf der Insel ist und ein Einheimischer sagt: „Ich fahre nach Ischia." Gemeint ist die größte Gemeinde, die aus Porto, Ponte und dem Castello entstanden ist. Diese 3 Ortsteile sind nicht künstlich zu einer Stadt zusammengefaßt worden. Sie sind zusammengewachsen. Das sieht man am besten, wenn man sich der Insel von Neapel aus nähert. Links erscheint der Lavakegel des Castello, rechts der Leuchtturm. Dazwischen erblickt man eine geschlossene Ortschaft.

Der Hafen ist etwas Besonderes. Natur und Menschenhand haben ihn geschaffen. Er ist ein erloschener Krater, der sich mit Wasser gefüllt hat. Wie Plinius berichtet, soll in dem Krater eine blühende griechische Siedlung versunken sein. Ein bourbonischer König kaufte den Süßwassersee, um darauf zu fischen und zu jagen. 1854 ließ Ferdinand II. von Neapel den Damm zum Meer durchstechen. Ischia bekam so gegenüber dem Festland einen großen windgeschützten Hafen. Das war für die damalige Zeit ein beachtliches Unternehmen. Das Stadtzentrum der Insel verlagerte sich nun von Ponte hierher. Wenn man von den Bergen auf den Hafen hinabsieht, kann man feststellen, daß Natur und Technik hier wunderbar harmonieren.

Der Hafen gab dem Ort den Namen Porto. Um ihn hat sich so viel konzentriert, daß es recht eng geworden ist. Mitten im lebhaften Straßenverkehr steht eine große Ulme, die zu Ehren des französischen Dichters Lamartine gepflanzt worden ist. Er liebte die Insel und hat über sie und Procida geschrieben.

Nicht nur am Tage herrscht reger Betrieb durch Fährschiffe, Aliscafi und elegante Privatyachten. Abends trifft man sich hier und bummelt rechts auf der Via Porto am Hafen entlang. Man nennt sie auch Rive Droite. Hier sind zahlreiche Lokale verschiedener Art, vom gepflegten Restaurant bis zum Weinlokal mit Musik und Fröhlichkeit.

Man sollte aber auch am Hafen links entlang einen Spaziergang machen. Hier wird in etwas weniger auffallenden Lokalen auch recht Gutes geboten. Wer eine frische Pizza direkt aus dem Ofen haben möchte, kann sie hier bekommen, ebenso wie Zuppa di Pesce, ein Gericht aus verschiedenen Meerresfrüchten mit Kräutern und Gewürzen.

Man kann auch auf der Via Jasolina weiter am Hafen entlang gehen und dann links zum Giardino Publico. Das ist ein kleiner Park mit gepflegten Gartenanlagen und vielen Bänken. Man kommt dort zu einem schönen Aussichtspunkt am Hafen und kann vor hier aus auf der Mole bis an den Leuchtturm gehen.

Meistens bleibt man nicht am Hafen, sondern geht in die nahe Via Roma und dann den Corso Vittoria Colonna hinauf. Wer einkaufen will, kann hier vom Straßenschuh bis zur eleganten Handtasche und zum wertvollen Schmuck alles haben. Wenn im Oktober die Saison zu Ende geht, werden selbst die schönsten Sachen zu erstaunlich billigen Preisen angeboten.

Man geht aber nicht nur zum Einkaufen hierher. Das Leben und Treiben auf der Straße bietet für viele eine herrliche Abwechslung. Die Auslagen der Obstgeschäfte sind so kunstvoll aufgebaut, daß sie gern fotografiert werden. Sehr beliebt sind die Cafés mit ihren Terrassen. Man trifft alte und neue Bekannte. Wer am Singsang Freude hat, kann in den Orangengarten gehen, wo man meistens nicht allein bleibt. Etwas weiter oben ist das Tanzlokal Vecchia Romana. Wenn es in seinem Garten zu kühl wird, kann man in dem Haus mit mehreren Räumen Platz nehmen, auch wenn man von der Musik etwas Abstand haben will.

In der Nähe ist die Telefongesellschaft SIP. Auf der linken Seite kommt man zu einem kleinen Park, einem Ruhepunkt neben dem Leben und Treiben der beliebten Straße. Links zweigen mehrere Straßen zum Badestrand ab. Rechts führt die Via E. Cortese durch einen Pinienhain zur Piazza Eroi, wo der Verkehr zum Castello und nach dem Süden der Insel abzweigt. Links liegt dort etwas tiefer zwischen Pinien das großzügig gestaltete Café Calise, in dem man beschaulich in gepflegter Umgebung sitzen kann.

Wer dem Getümmel der Stadt etwas entfliehen möchte, sollte von der Piazza Eroi in Richtung Ponte rechts in die Via Sogliuzzo gehen. An der hohen Telefonstation vorbei kommt man auf die Viale dei Bambini, eine breite Kinderstraße mit vielen Bänken. Man überquert danach eine Straße und gelangt in den großen Pinienwald, der als Park ausgebaut ist. Er liegt zwischen den Hotels Continental und Hermitage. Auf seinem weichen Boden kann man gut spazieren gehen. Porto wäre ein Verkehrschaos, wenn man nicht oberhalb der Stadt eine Umgehungsstraße gebaut hätte. Sie beginnt am Hafen und führt zu der Ausfallstraße nach

Der Hafen von Porto
war einst ein Krater und
nach der Sage das Auge des Titanen

dem Süden der Insel. Wer auf ihr gemächlich fährt, hat einen
schönen Ausblick über die Stadt zur Bucht von Neapel mit ihren
Inseln.

Unmittelbar nach der südlichen Einmündung der Umgehungsstraße kommt man zu einem zweistöckigen Aquädukt, den Pilastri. Da man auf Ischia immer wieder Trinkwassermangel hatte,
scheute man nicht die Kosten, sich durch dieses gewaltige Bau-
werk aus den Gebirgsquellen des Buceto zu versorgen. Nahezu

29

Der Aquaedukt Pilastri

200 Jahre hat man daran gearbeitet, bis es 1785 vollendet war. Heute sind die Pilastri nur noch eine imposante Ruine.

Wenn man von Porto nach Ponte gehen will, bleibt man am besten auf dem Corso Vittoria Colonna und geht anschließend auf der Via Pontana weiter. Dabei ist man immer in der Nähe des Strandes und etwas abseits von dem starken Verkehr.

Viele Jahrhunderte hindurch war Ponte unter dem Schutz des Castello der wichtigste Ort und Hafen auf Ischia. Deswegen sind hier auch die schönsten alten Kirchen sowie der Sitz des Bischofs im Palazzo Escoville. Erwähnenswert ist auch die reichhaltige Bibliothek Antonina in der Via Antonia. Hier befinden sich 2 Bilder der Vittoria Colonna. Wer die interessante Bibliothek benutzen möchte, sollte einigermaßen Italienisch können.

Die Geschäfte in Ponte sind nicht ausgesprochen modern. Man kann hier u.a. Leder- und Textilwaren preiswert einkaufen. Ein Bummel durch diese Geschäfte mit ihren freundlichen Inhabern ist eine nette Abwechslung. Es ist interessant, zum Fischmarkt und zum kleinen Hafen zu gehen. Von hier verkehren Boote zu der Carta Romana. An diesem beliebten Badestrand gibt es Quellen, die bis zu 52° warm sind. Man kann dorthin auch mit dem Bus 8 gelangen, der bis S. Michele fährt, am Friedhof geht der Weg zum Strand hinab. Neben der hellen Torre Michelangelo sieht man die stattliche Ruine der Geldpresse, welche die Bourbonen von Neapel hierher verlegt haben.

Wenn man vor dem Castello steht, kann man verstehen, daß dieser aus dem Meer ragende Felsen eine ideale Naturfestung war. Hieron von Syrakus baute sie aus, als er Ischia erhielt. In der Bucht vor ihr ließ er die Schiffe für seine Raubzüge gegen die Etrusker bereitstellen. In ihrem Schutz fühlten sich die Bewohner Pontes geborgen. In Notzeiten konnten sie hier Zuflucht nehmen. Räume dafür gab es genug.

Wenn man den Damm von Ponte zu ihr überschritten hat, kann man mit dem Fahrstuhl hinauffahren. Wer aber gut zu Fuß ist, sollte hinaufsteigen. In den düsteren Gängen und in den großen Räumen fühlt man sich in die Vergangenheit versetzt.

Was hat dieses Castello alles erlebt! Die rauschenden Feste der Lucrezia d'Alagno, die geistvollen Gespräche, die Vittoria Colonna mit Künstlern und Dichtern führte. Ein düsterer Gegensatz dazu war später hier das strenge Leben der Clarissinnen. Selbst nach dem Tode dieser Nonnen hatte ihr Körper noch eine Aufgabe. Ihre hockenden, zerfallenden Mumien sollten die Lebenden an die Vergänglichkeit erinnern. Lange Zeit hindurch war die Festung auch ein Gefängnis.

Der Verfall des Castello wurde durch die zweimalige Beschiessung zum Beginn des vorigen Jahrhunderts beschleunigt. Auch die schöne Kathedrale wurde schwer beschädigt. Man hat aber schon viel dafür getan, sie zu restaurieren.

Wenn wir oben aus den düsteren Räumen ins Freie treten, sind wir wieder ganz in der Gegenwart. Der herrliche Blick über das Meer bis nach Capri nimmt uns gefangen. Auf der weiten Terrasse genießen wir die schöne Aussicht bei gutem deutschen Kaffee, einem Aperitiv oder was wir uns sonst wünschen.

S. Angelo

Wer sich aus dem Trubel einer Großstadt absetzen und in einer schönen Gegend eine Kur oder einen Urlaub verbringen will, wohnt gern in S. Angelo. Im Ort selbst gibt es keine Autos. Nahezu alle Transporte werden mit Maultieren durchgeführt, denen man immmer wieder in den engen Gassen begegnet. Man gewöhnt sich schnell daran, dicht an ihnen vorbeizugehen. Die Buslinien von Porto aus enden kurz oberhalb des Ortes.

Einst war S. Angelo nur ein Fischerdorf. Mit dem erheblich höher liegenden Serrara war es nur durch einen Maultierpfad, die Via Cugnoluongo, verbunden. An einem steilen Felsenhang windet sich dieser Pfad noch wie einst im Zickzack hinauf.

Wegen der romantischen Lage fanden sich Maler und andere Künstler ein, die dem Ort bald eine besondere Note gaben. Durch die Thermalquellen entwickelte sich S. Angelo zu einem bekannten Kurort. Sehr bekannt sind die Thermalhotels Romantica und S. Michele.

Wer S. Angelo besucht, sollte es nicht versäumen, sich in ein Terrassenlokal an eine der oberen Gassen zu setzen. Nicht nur am Tage hat man eine schöne Aussicht. Wenn es dunkel ist, kann man besonders bei Neumond auf dem Meer die vielen Lampen der Lampara-Fischer bewundern. Sie fangen Polypen und Fische, die von dem Licht angelockt werden.

Auf der Piazza am Hafen herrscht außer während der Siesta ein reges Treiben, das man von Cafés und Restaurants aus beschaulich beobachten kann. In den zahlreichen Geschäften kann man fast alles kaufen.

Ein besonderes Geschenk der Natur ist die pyramidenförmige **Halbinsel Roja** direkt vor dem Ort. Diesen spanischen Namen spricht man Rocha aus. Leider ehrt man dieses Geschenk nicht dadurch, daß man den Pfad bis zur Spitze (104 m) freihält. Das Tor am Fuße des Berges ist meistens verschlossen. Man klettert nicht gern darüber hinweg.

S. Angelo von Serrara aus gesehen

Ein Blick von dem Gipfel belohnt den, der nach einigen Schwierigkeiten hinaufsteigt. Von dem alten Wehrturm hier oben sieht man nur noch eine Ruine. 1809 wurde er von den Engländern bombardiert. Da in ihm ein Pulvermagazin war, ist nicht viel von ihm übrig geblieben.

Im Hafen legen nicht nur die Schiffe der Rundfahrten um die Insel für etwa 1 Stunde an. Mit kleinen Booten kann man auch schnell zum Marontisstrand und zur Cava Scura fahren.

Forio

Die blendend weiße Chiesa del Soccorso, die Kirche der Zuflucht, ist das erste, was man von Forio erblickt, ob man nun vom Meer, von der Punta Caruso, dem Epomeo oder der Punta Imperatore kommt. Jeder Angreifer von See her erkannte in ihr die Bastion auf dem Felsen, hinter deren starken Mauern eine kampfbereite Bevölkerung Zuflucht fand. Auch die alten Wehrtürme der Stadt sind Zeugen dafür, daß man sich gegen Piraten verteidigen mußte. Heute sind sie die Wahrzeichen einer friedlichen Weinstadt voller Lebensfreude.

Die Chiesa del Soccorso ist eine alte Wallfahrtskirche der Fischer und Seefahrer. Das Kruzifix links neben dem Seitenaltar betont die Verbundenheit mit dem Meer. Nach der Legende soll es vor vielen Jahrhunderten an den Strand gespült worden sein.

Von der Brüstung der Kirche kann man nicht nur den Sonnenuntergang über dem Meer gut beobachten. Mitunter hat man dabei noch das besondere Erlebnis, daß am Horizont ein smaragdgrüner Schein aufleuchtet.

Der Mittelpunkt des fröhlichen Lebens in Forio ist die schattige Piazza mit ihren Straßencafés. Bis vor einigen Jahren war das Internationale der alten Maria besonders bekannt. Man fühlte sich bei dieser welterfahrenen Frau mit abwechslungsreicher Vergangenheit zu Hause. An den Wänden kann man Bilder bekannter Künstler mit Widmung sehen, z.B. von Liz Taylor. Sie war oft hier, als man auf Ischia Außenaufnahmen des Films Cleopatra drehte. Ein anderer gut aussehender amerikanischer Schauspieler, Philipp Dakin, wurde durch Forio und seinen Wein verzaubert. Er blieb als Filippo für immer hier und betrieb mit einer tüchtigen Wirtin ein Restaurant am Hafen. Jeden Tag saß er etwas abwesend, aber immer korrekt gekleidet an der Piazza in einem Café wie ein lebendes Denkmal. Er ist hinweggedämmert. Die Bevölkerung behält ihn als „Uomo Bravo" in Erinnerung.

Maria und Filippo sind nicht mehr da. Aber auf der Piazza geht es weiter wie eh und je. Man besucht die Geschäfte und Verkaufsstände. Dann geht man in ein Café und blickt mitunter auf eine deutsche Zeitung, aber noch mehr auf das Straßenbild. Mitten auf dem Platz steht die Brunnenskulptur eines Phantasietieres. Man nennt sie respektlos das pinkelnde Kamel.

Doch man sollte nicht nur auf der Hauptstraße verweilen. Neben dem Café Internationale zweigt eine Gasse ab, durch die man in die Altstadt gehen kann. Hier wird man nicht nur durch die flachen Dächer und kleine Kuppeln an den Orient erinnert.

Ab und zu ist man überrascht, daß man von einer engen Gasse aus in einen schönen Innenhof mit blühenden Sträuchern und Blumen blicken kann. Wenn man zu der Stadtmauer kommt, sieht man fast überall einen Wehrturm und blickt von der Brüstung über fruchtbare Gärten zum Meer.

Eine besonders schöne Aussicht auf Forio und die Umgebung hat man von den Dachterrassen der hohen Häuser am Hafen. Wer das Glück hat, hier oben einen schönen Abend zu verleben, wird im Stillen etwas die Aussteiger beneiden, die für immer hiergeblieben sind.

Wer nicht in Forio wohnt, sollte sich für diesen anmutigen Ort mitunter etwas Zeit nehmen. Er wird sich hier bestimmt bald heimisch fühlen. Wir werden auch auf unseren Wanderungen hierher kommen und dabei besonders die schöne Umgebung kennenlernen.

Lacco Ameno

In Lacco Ameno erzählt man, daß Aeneas hier am Monte Vico in einer Grotte Zuflucht suchte, ehe er sich aufs Festland wagte. Die meisten Sagen haben einen geschichtlichen Hintergrund. So ist es durchaus möglich, daß Flüchtlinge aus Troja hier landeten, ehe sie auf das Festland gingen. Später haben sich die Griechen aus ähnlichen Erwägungen auf dem Monte Vico niedergelassen und eine Akropolis gegründet, zumal daneben die Montanobucht für damalige Verhältnisse ein idealer, windgeschützter Hafen war. Auch Marius fand hier in einer Grotte Zuflucht.

Heute wird die Vergangenheit in Lacco Ameno nicht durch Aeneas oder Marius lebendig, sondern durch das große Volksfest der Santa Restituta am 17. Mai und an den folgenden Tagen eines jeden Jahres. Nach der Legende wurde diese Heilige 282 n.Chr. in Libyen auf einem kleinen Schiff an den Mast gefesselt. Vor sie stellte man ein Feuerbecken und ließ sie bei Nordwind auf das Meer treiben. Nur ein Wunder rettete sie davor, daß sie verbrannte, verhungerte oder in den Wellen versank. In einer dunklen

Nacht erreichte sie die Montanobucht und wurde von den Einwohnern Lacco Amenos gerettet. Diese Legende dürfte auf die Christenverfolgungen in Nordafrika zurückgehen. Wer am 17. Mai auf Ischia ist, sollte es nicht versäumen, dieses Volksfest an der Montanobucht mitzuerleben. Hier wird bei Dunkelheit in einem eindrucksvollen Schauspiel dargestellt, wie Restituta sich auf einem brennenden Schiff nähert und Engel die Flammen löschen. In hellem Licht erscheint Christus an der Felsenwand des Monte Vico, und Restituta wird gerettet.

Für die zahlreichen Gäste wird alles in Deutsch erklärt. Das Schauspiel in der Montanobucht hat eine so wunderbare Kulisse, daß schon dieses Bild ein Erlebnis ist. Am besten kann man alles betrachten, wenn man nicht am Strand, sondern links von der Bucht etwas oberhalb steht.

Die heilige Restituta wird dann in einer langen Prozession zu der ihr geweihten Kirche an der Piazza geleitet. Das Fest dauert 3 Tage. Der Höhepunkt ist aber das Schauspiel an der Montanobucht.

Die Kirche der Restituta ist sehenswert, vor allen Dingen aber auch das Museum in der Krypta. Prof. Georg Buchner hat es eingerichtet und sehr übersichtlich gestaltet. Die meisten Ausstellungsstücke stammen aus der alten Siedlung und der näheren Umgebung, so z.B. antike Badeeinrichtungen. Aus einer Herkulesstatue schließt man, daß dieser Halbgott hier ein Heiligtum hatte.

Dank seiner ausgezeichneten Thermalquellen wurde Lacco Ameno ein bekannter Kurort, in dem es auch exklusive Hotels gibt. Im Hafen liegen hier Yachten mit den verschiedensten Flaggen. Ihre Eigner lassen für ihre Feste gern besondere Gerichte von Land kommen.

Unter vielen bekannten Gästen, die hier weilten, war Mme. Curie besonders an den radioaktiven Quellen interessiert und untersuchte sie auch. Das Wasser an den Hängen der Stufe (Öfen) di Lorenzo wird besonders gegen Leiden des Rückgrats empfohlen.

Wer gern im Meer badet, findet dafür in der Montanobucht einen herrlichen Strand. Warme Quellen im Meer heben die Temperatur des Wassers noch etwas an. Für die gepflegten Einrichtungen sowie für Liegen und Sonnenschirme muß man natürlich Eintritt bezahlen. Man kann hier auch in die Negombogärten gehen. Sie

Lago Ameno vom M.Vico aus mit Hafen
und Fungo, im Hintergrund der Epomeo

Der sagenumwobene Fungo,
das Wahrzeichen von Lacco Ameno

37

haben außer einem Thermal- und einem Meerwasserschwimm-
becken auch einen kleinen Privatstrand.

Das Wahrzeichen von Lacco Ameno ist der sagenumwobene
Fungo, ein pilzförmiger Tuffsteinfelsen in der Hafenbucht. Man
erzählt, daß hier ein junges Liebespaar ertrunken sein soll, als es
versuchte, über das Meer zu fliehen. An dieser Stelle soll der
Felsen aus dem Meer gewachsen sein. Von welcher Richtung wir
auch kommen, immer wird unser Blick durch die eigenartige
Silhouette des Fungo beeindruckt.

Casamicciola

Der Name Casamicciola geht auf die Thermalquellen des Ortes
zurück. Etwa 700 v.Chr. soll die wohlhabende Nizula aus Eritrea
hier Heilung für ihr lahmes Bein gesucht haben. Sie mußte zwar
ein furchtbares Erdbeben miterleben, aber sie blieb unversehrt
und wurde geheilt. Nach ihr nannte man den Orts Casa Nizula,
woraus Casamicciola wurde. Später schickten die Römer ihre In-
validen hierher, die nicht nur für ihre Verwundungen, sondern
auch für Klimaschäden Genesung suchten. Anfang des 17. Jahrhunderts gründeten wohlhabende Neapolitaner hier für arme
Kranke ein Sanatorium, das gut besucht wurde. 1883 wurde es
durch ein Erdbeben zerstört, aber danach als Ospizio Termale
della Misericordia wieder aufgebaut. Viele bekannte Persönlich-
keiten schätzten Casamicciola als Kurort. Garibaldi hatte hier ein
Haus. Ibsen schrieb in der nach ihm benannten Villa seinen Peer
Gynt. An den Glanz vergangener Zeiten wird man etwas erinnert,
wenn man das Hotel Manzi in dem etwas höher gelegenen Ortsteil Bagni besucht. Es wird von wohlhabenden italienischen
Gästen sehr geschätzt. Auch Bridgespieler treffen sich hier gern.

Den schönsten Blick auf Casamicciola hat man vom Meer aus.
Über dem höher liegenden Ortsteil Maio erhebt sich der grüne
Steilhang zum Epomeo. Seine Spitze ist in der waagerechten
Linie nur etwa 2000 m vom Meer entfernt. Dieser Anstieg ist
nicht leicht, aber man kann daran auch viel Freude haben. Von
den Steilschluchten wird der radioaktive Trachytschlamm herab-
gespült. Er ist wichtiger Bestandteil des Fango. Die Kuranstalt
Rita wird wegen seiner Heilkraft besonders geschätzt.

In ihrer Nähe liegt die Sentinella, ein besonders schöner Aussichtspunkt über dem Ort. Zu Fuß kann man ihn am besten erreichen, wenn man von der Piazza aus die Via Margherita hinaufgeht. Auch fährt der Bus 3 über den Bagni dorthin.

In dem gut ausgebauten Hafen herrscht reger Verkehr, zumal viele Schiffe von dem überfüllten Porto hierher ausweichen. An der Hauptstraße nach Porto kommt man an dem Keramikbetrieb der Familie Menella vorbei. Eine Besichtigung lohnt sich. Seine lange Tradition geht auf Vasen und Statuen zurück, die wir im Museum in Lacco Ameno gesehen haben.

Nach Porto liegen dann am Meer die bereits erwähnten Thermalgärten Castiglione. Nicht weit davon entfernt ist eine Grotte, in welcher die Sybille von Cuma lange Zeit gewesen sein soll. Wahrscheinlich ist sie Ende des 5. Jahrhunderts v.Chr. von dort geflohen, als die Samniter Cuma eroberten. Die sybillinischen Weissagungen wurden als heilige Bücher in Rom aufbewahrt und hoch geachtet.

WANDERUNGEN UND
SPAZIERGÄNGE

Wandern auf Ischia macht nicht nur viel Freude, sondern ist auch gesund. Es ist eine wunderbare Ergänzung zu den heilenden Bädern, wegen der die meisten Besucher auf die Insel kommen. Es kann zwar auch sehr schön sein, den ganzen Tag in einem Thermalgarten oder mehrere Stunden am Strand zu verbringen. Aber jeder Arzt wird vor einem Zuviel warnen und zu ergänzender Bewegung raten, besonders zum Spazierengehen und Wandern.

Dazu bietet die Insel viele Gelegenheiten, von bequemen Wegen bis zur reizvollen Bergtour. Jeder kann einen passenden Weg finden und ihn so gestalten, wie es seinem Gesundheitszustand und seiner Stimmung entspricht. So ist ein sehr starkes Ruhebedürfnis meistens ein Zeichen dafür, daß man von den Bädern zuviel genossen hat. Selbst wenn der Kreislauf Kummer macht, braucht man auf kurze Wanderungen durchaus nicht zu verzichten. Man sollte nur den Arzt fragen. Ein leichtes Training ist meistens besser als ein wochenlanges Dahindösen.

Wer längere und schwierige Strecken laufen will, sollte langsam beginnen, wenn er nicht ein erfahrener Wanderer ist. Auch wenn man behutsam anfängt, kann man die schönsten Gegenden der Insel in wenigen Wochen zu Fuß kennenlernen. Wege mit farbenprächtigen Blumen durch Weinberge, Kastanien- und Akazienwälder, vorbei an hochragenden Felsen und steilen Abgründen. Tiefe, über und über bewachsene Schluchten mit einem Gewirr von Ranken und Blättern könnten die Kulisse für manchen Urwaldfilm sein. Verlassene Steinhöhlen im einsamen Gebirge zeigen, wie Bauern und Waldarbeiter hier einst gelebt haben. Manche dieser Höhlen waren einst eine Art Eiskeller, in denen man Schnee einstampfte, der im Sommer gut verpackt in den Häfen als Eis verkauft wurde.

Die Durchführung größerer Wanderungen ist nicht ganz einfach; denn die in manchen Karten und Reiseführern vorgeschlagenen Wege sind mitunter zugewachsen oder durch einen Erdrutsch kaum noch passierbar. Ausgetretene Pfade können Holzwege im wahrsten Sinne des Wortes sein, wenn sie nur von Waldarbeitern benutzt wurden und an einem Abgrund enden. In den höheren Lagen läßt man immer mehr Weinberge und Felder liegen. Die Pfade, die durch sie führen, wachsen dann bei dem feuchten Klima rasch zu, so daß man zwischen Brombeerranken und Rosen nicht mehr hindurchkommt.

Es gibt wenig Wegmarkierungen auf Ischia, die meisten in roter Farbe, die schnell verwittert. Lediglich der Anstieg zum Epomeo von Norden über den Capo dell'Uomo ist durch beschriftete Lattenstücke an einigen Bäumen gekennzeichnet. Aber das ist ein Pfad, der sich nur für erfahrene Bergsteiger eignet. Es ist beabsichtigt, nur an einigen markanten Stellen wetterfest zu markieren, so daß der schöne Wald nicht zu bunt bemalt wird.

Die Einheimischen geben einem gern Auskunft, wenn man sie z.B. „Maria del Monte?" fragt. Sie sprechen natürlich fast nur italienisch. Deswegen sollte man sich wenigstens merken, daß „destro" rechts, „sinistro" links und „diritto" geradeaus heißt. Dabei sollte man immer nur das nächste Ziel angeben und betonen, daß man nach einem „sentiero" (Pfad) fragt; denn sonst wird man immer auf die Straße für Autos geschickt.

Die Pfade wachsen mitunter schnell durch frisches Grün zu, so daß selbst erfahrene Wanderer mitunter vom Wege abkommen. Wenn man merkt, daß man falsch gegangen ist, braucht man meistens nur bis zur letzten Abzweigung zurückzugehen. Oft erkennt man dann den richtigen Pfad durch auffällig gelegte Steine oder ausgeschlagene Stellen an Felsen. Keinesfalls sollte man versuchen in einem trockenen Bachbett ins Tal zu gelangen. Die einzelnen Felsenstufen von Wasserfällen und Reisiganspülungen sind dabei oft so hoch, daß man in eine Art Mausefalle gelangen kann. Im Bachbett liegt auch oft viel Kies, auf dem man leicht ausrutscht.

Wanderungen im einsamen Inneren der Insel sollte man nicht allein unternehmen, damit bei einem Unfall geholfen werden kann. Auch ist die Orientierung gemeinsam leichter. Auf jeden Fall hat die Insel so viele markante Punkte, daß man sich zwar gelegentlich verlaufen, aber nicht richtig verirren kann. So sieht man immer wieder den Epomeo, die Pietra dell'Acqua, den Monte Vico von Lacco Ameno, die Roja von S. Angelo usw. Man kommt dann eigentlich immer viel schneller, als man erwartet hatte, zu einer Bushaltestelle oder zu einem Microtaxi und ist dann bald in seinem Hotel.

Für leichtere Wege z.B. von der Francesco-Bucht nach Lacco Ameno genügen Straßenschuhe. Schon durch die Weinberge sollte man Schuhe mit einer rauhen Sohle anziehen; denn sobald der Boden durch Tau oder Regen feucht wird, rutscht man auf den glatten Steinen. Wenn man höher steigt, sind Schuhe mit Profilsohlen zweckmäßig. Es gibt sie auch als Turnschuhe in den Geschäften der Insel.

Man sollte auch daran denken, daß man für den oft steilen Anoder Abstieg einen Stock brauchen kann, den man evtl. schnell aus Kastanie oder Schilfrohr zurechtschneidet. Bei Bandscheibenoder Gelenkschäden sind die verstellbaren Schistöcke (Teleskop) besonders gut. Sie werden von Orthopäden empfohlen (Zeitschrift des Deutschen Alpenvereins 1989, S. 272). Einen Stock kann man auch sehr gut brauchen, um Stechginster sowie Rosen- und Brombeerranken beiseite zu schieben. Der Stechginster fällt schon dadurch auf, daß er grauer ist als die uns in Deutschland bekannte Ginsterart, die es auch auf Ischia in größerer Anzahl gibt als den stechenden grauen Bruder.

Bei dem warmen Wetter sind Jeans oder andere lange Hosen zweckmäßiger als Bundhosen. Wenn man bei Hitze Shorts tragen will, sind Bermudas gut geeignet, weil man sich im Gestrüpp die meisten Kratzer am Knie zuzieht. Für die Unterschenkel sind dann Kniestrümpfe zweckmäßig.

Für die Wanderungen sollte man keine Handtasche mitnehmen. Alles, was man in der Hand trägt, hindert und ist bei einem Sturz gefährlich.

Wenn man unterwegs eine Schlange sieht, braucht man durchaus keinen Schreck zu bekommen. Es gibt auf der Insel keine giftigen Schlangen, lediglich die nicht giftige Äskulapnatter, die man hier Biscia nennt. Sie ist eine Verwandte unserer Ringelnatter. Jedoch lebt sie nicht am Wasser, sondern bevorzugt warmes, also besonders vulkanisches Gestein. Da sie u.a. von Mäusen und auch Ratten tötet, sollte man sie keinesfalls verfolgen oder erschlagen. Sie wird bis 1,80 m lang. Ihr Rücken ist dunkelbraun, der Bauch hell. Etwa im Juni legt sie ihre Eier. Man kann sie dann evtl. bei der Begattung beobachten und sogar fotografieren. Man sollte sie aber dabei nicht stören. Es wird gesagt, daß sie dann aggressiv wird.

Der Tagesablauf muß der Jahreszeit angepaßt werden. Frühjahr und Herbst eignen sich gut für Ganztagstouren. In der heißen Jahreszeit wählt man am besten den Morgen für einen Anstieg. Man kann aber auch dann am Nachmittag nach einer Siesta noch eine kleine Tour unternehmen, z.B. von Cuotto zur Punta Imperatore oder nach Panza. Wer einen erlebnisreichen Tag wünscht, kann ihn auch im Sommer etwa folgendermaßen gestalten: Nach einem zeitigen und guten Frühstück fährt man z.B. bis Serara und wandert über S. Maria del Monte nach Forio. Im Hotel ist dann das Schwimmbad eine wunderbare Erholung. Nach einem guten Essen und einer Siesta kann man sich in ein Café an der Piazza setzen und noch etwas spazieren gehen. Man ist dann für einen fröhlichen Abend gut vorbereitet.

Wegen der schwierigen und sehr unterschiedlichen Wegverhältnisse hat es keinen Zweck, bei der Beschreibung der Wanderungen die Entfernungen anzugeben. Es werden deswegen die Gehzeiten ohne Pausen angegeben, so daß man dafür etwas hinzurechnen muß. Wenn man eine bestimmte Wanderung zum ersten Mal unternimmt, sollte man auch dafür noch etwas mehr Zeit vorsehen, weil man sich wegen der meistens fehlenden Markierungen leicht verlaufen kann. Man braucht sich auch nicht durch Bergsteiger beirren zu lassen, die stolz erzählen, in wie kurzer Zeit sie z.B. den Anstieg von Forio zum Epomeo geschafft haben. Die immer wieder überraschende Schönheit der Landschaft kann einem bei kleinen Pausen viel mehr bieten als irgendein Zeitvergleich für eine bestimmte Strecke.

Bei den Vorschlägen für die einzelnen Wanderungen werden die Straßen in den verschiedenen Ortschaften nur wenig erwähnt. Man kann sich dort leicht zurechtfinden oder mit den üblichen Verkehrsmitteln bis an den Ortsrand fahren.

Es ist erfreulich, daß jugendliche Arbeitslose in einem Förderungsprogramm in der Gegend von Campagnano Wanderwege freimachen und ausbessern. Deutschsprechende von ihnen führen dort mehrmals in der Woche eine Wanderung durch. Für 1990 wird ein solches Vorhaben für Montagione geplant. Man denkt auch daran, daß Wanderführer ein Programm mit einfachen und größeren Einzelwanderungen anbieten könnten.

Die Busverbindungen sind so günstig, daß man fast alle Ausgangspunkte der Wanderungen damit erreichen kann.

Die vorgeschlagenen Wege können zum großen Teil sehr leicht geändert oder kombiniert werden. Auch deswegen werden mitunter Zeiten für Teilstrecken angegeben.

In den letzten Tagen des Urlaubs sollte man mit einem Schiff eine Rundfahrt um die Insel machen. Man ist erstaunt, wie anders alles vom Meer her ausieht. Bald erkennt man aber vertraute Wege. Stolz und geruhsam kann man nun große Teile der Wanderungen betrachten und vergißt die vielen Schweißtropfen, die man dabei vergossen hat.

Sehr lustig geht es auf der Rundfahrt mit dem ratternden Motorboot des Antonio (Ricciucello) zu. Auf Wunsch fährt er an besonders interessanten Stellen dicht heran und erklärt alles in Deutsch. Am Marontistrand kocht er im heißen Sand Kartoffeln und Knoblauch, die er bei der Weiterfahrt mit Wein anbietet. Bei seinem Bruder, der die Bar Rosario in Porto an der Spiaggia dei Pescatori (41) besitzt, kann man die Fahrt vorbestellen.

Und nun frohes Wandern auf Ischia!

Auf der Wanderung durch
den Hohlweg zum Empeo

Der Epomeo

Sobald man sich der Insel auf dem Meer nähert, sieht man bei gutem Wetter den Gipfel ihres höchsten Berges, des Epomeo (787 m). Je nach Beleuchtung erscheint seine bizarre Spitze hellgrau, gelblich grün oder mitunter rosa wie beim Alpenglühen. Jeder Wanderer wird den Wunsch haben hinaufzusteigen, um sich dort an dem herrlichen Blick über die Bucht von Neapel zum Vesuv, nach Capri und die vielen anderen Inseln zu erfreuen. Von den verschiedenen Möglichkeiten für den Anstieg kann man sich vom einfachen Weg bis zur schwierigen Bergtour aussuchen, was einem jeweils nach Stimmung und Unternehmungslust zusagt.

Man kann von jedem Punkt der Insel zum Epomeo wandern. Zunächst werden die wichtigsten Wege aus seiner Umgebung beschrieben. Bei der Auswahl muß man auch auf das Wetter achten. Der Epomeo zieht die Wolken so an, daß er eine jährliche Niederschlagsmenge von etwa 1000 mm hat. Oft hat er deswegen eine Wolkenmütze. Das kann zwar die Sicht beeinträchtigen, ist aber nicht weiter gefährlich. Wenn jedoch die Wolken über die ganze Umgebung bis zum Monte Trippodi reichen, sollte man, wenn überhaupt, nur auf dem direkten Weg von Fontana aus ansteigen. Es ist wenig erfreulich und außerdem riskant, dann an der Pietra dell'Acqua oder in dem Labyrinth der Pfade des Jetto herumzuirren. Wer an solchen Tagen wandern will, kann genug andere Pfade auf der Insel finden.

46

Die Gebirgskette von Forio aus.
Links der Empeo, in der Mitte Pietra dell'Acqua

Direkter Anstieg von Fontana zum Epomeo

Der einfachste Weg für jeden Wanderer, auch für gesunde Spaziergänger. Man kann sich bis zu ⅔ des Weges fahren lassen oder auf einem Esel hinaufreiten.

Anfahrt: Busse DC und LC
bis Fontana

Gehzeit: 50 Minuten

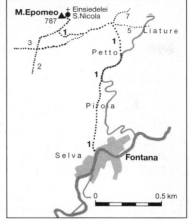

Neben der Bushaltestelle kann man schon einen Esel mieten. Aber die Zahl der Interessenten dafür hat nachgelassen. Man trifft jetzt unterwegs auch immer mehr ältere Leute, die sich sehr viel Zeit lassen, vielleicht noch unterwegs einkehren, aber dann doch auf dem Gipfel erscheinen.

Man beginnt den Aufstieg nicht auf der breiten Straße, sondern auf dem Weg links an der Haltestelle, der auch als Maultierpfad benutzt wird.

Man trifft noch einmal die Straße, die zum Sender hinaufführt, und steigt bei der Abzweigung links weiter. Rechts ist dann die Bar A Cuieta (neapolitanisch für Quiete = Ruhe).

Der Weg geht in einen Gebirgspfad über. Links zweigt bald über die Böschung ein Pfad ab, der am Hang entlang an einem Stein mit Höhle zu der Stelle führt, wo der Abstieg nach Forio beginnt.

Der Weg zum Gipfel führt zunächst noch weiter durch den Kastanienwald, dann aber nur noch auf Felsen. Wir gelangen dann links oben zu der alten Einsiedelei S. Nicola, in der heute

47

Es ist schön, wenn man für den Anstieg zum Epomeo keinen Esel zu mieten braucht, sondern hinauf wandern kann

ein gutgehendes Lokal eingerichtet ist. Wenn man auf der Terrasse mit einer wunderschönen Aussicht Platz nimmt, sorgt der Wirt dafür, daß man sich eine Decke umlegt, damit man sich durch den frischen Wind nicht erkältet.

Es ist ein schönes Erlebnis, in der Einsiedelei zu übernachten. Einige alte Zellen sind als Fremdenzimmer eingerichtet. Telefonisch kann man sich unter der Nr. 99 95 35 anmelden und dabei gleich erfahren, ob die Zellen wegen der Jahreszeit noch zu feucht sind.

Wenn man dann abends dort oben einschläft, denkt man an den alten Oberst d'Argout, der einst gelobte, diese Einsiedelei mit einer Kapelle zu errichten, nachdem er auf wunderbare Weise hier gerettet wurde, als geflohene Söldner ihn erschlagen wollten. Vielleicht träumt man auch von den Feuern, die in der Antike von hier aus den Seefahrern den Weg wiesen. Morgens wird man durch den Ruf „Sole, Sole!" geweckt, schlüpft schnell in die Klei-

Eine schön geformte Zisterne
auf dem Grat
südwestlich vom Empeo

Auch auf dem Rücken
eines Esels kann man
den Berg erklimmen

der und erlebt dann einen so eindrucksvollen Sonnenaufgang.
daß man an Homers Odyssee denken kann, in der es heißt: „Als
die Morgenröte erschien, die rosenfingrige Eos."

Wenn man auch zu den westlichen Felsen des Gipfels gehen
will, muß man ein kleines Lokal durchqueren, in dem einem
deutlich zu verstehen gegeben wird, daß dort jeder Passant etwas
verzehren soll. Das ist nicht gerade freundlich. Aber der schöne
Ausblick läßt einen das schnell vergessen.

Ein Wanderweg ohne besondere Schwierigkeiten, aber mehr als ein Spaziergang. Nach Hohlwegen mit steilen Wänden steigt man durch Weingärten und nicht mehr bestellte Terrassenfelder. Für die Pietra dell'Acqua und ihre interessanten Zisternen sollte man sich etwas Zeit lassen. Danach wandert man auf dem Höhenweg zum Epomeo.

Anfahrt: Busse CD und CL bis Fontana

Gehzeit: 1½ Stunden

Hinter der aus Steinen gebauten Zisterne
sieht man den Gipfel der Pietra del'Acqua

51

Aussicht auf Forio von Pietra dell'Acqua

Von der Haltestelle in Fontana geht man im Ort etwas abwärts in Richtung Serrara, bis der Weg rechts an der Scuola Elemantara (446 m) abzweigt. Wir wandern geradeaus bergan und fragen am besten zunächst nicht die Einheimischen nach der Richtung, weil sie meistens auf den direkten Weg zum Epomeo weisen. Wenn überhaupt, sollte man sich nur nach der Pietra dell'Acqua erkundigen.

Der tiefe kühle Hohlweg hat eine beachtliche Steigung. An der ersten Abzweigung biegt man links und an der zweiten rechts ab. Nach diesen Hohlwegen steigt man oben am linken Rande einer Schlucht durch Weingärten bergan. Sobald man einen freien Blick nach oben hat, sieht man eine Steinhütte mit einer Zisterne und darüber die Pietra dell'Acqua (721 m). Auf etwas verschlungenen Pfaden steigen wir nun der Hütte vorbei zum Berg, der nach dem Epomeo die höchste Erhebung der Insel ist.

Es ist sehr verlockend, auf seine Spitze zu klettern. Man hat dort über der Steilwand einen herrlichen Ausblick. Das sollte man aber nur tun, wenn man ganz schwindelfrei und nicht allein ist. Unterhalb des höchsten Felsens ist die Aussicht auch sehr schön.

Wenn man nun in Richtung zum Epomeo weitergeht, kommt man gleich zu einer Zisterne, in der ich auch in regenarmer Zeit immer frisches Wasser vorgefunden habe. Ein begabter Steinmetz hat wohl schon vor langer Zeit in die Oberfläche des gewaltigen Felsblocks Rinnen in Kurven so hineingeschlage, daß Regen und Tau in die Wasserkammer ablaufen. Das Ganze ist bei aller Zweckmäßigkeit und vielleicht auch deswegen geradezu ein Kunstwerk. In den letzten Jahren ist aus den Pfaden hierher ein schmaler Wirtschaftsweg geworden, weil man sehr großen Wert auf dieses Wasser legt.

Man geht nun auf dem Höhenweg direkt zum Epomeo und sieht links von ihm den Capo dell'Uomo (720 m). Links zweigt der Pfad für den Weg nach Foria ab. Danach steigen wir wieder an und kommen auf den direkten Weg von Fontana.

Beim Abstieg auf diesem Weg sollte man bei der Steinhütte unterhalb der Pietra dell'Acqua darauf achten, daß man an einer etwas tiefer liegenden kleinen Steinhütte vorbei geht. Aber auch auf den Pfaden daneben kommt man nach Fontana, wenn man die allgemeine Richtung beibehält.

Auf der langsam ansteigenden Via Panoramica haben wir links den Blick zum Meer und rechts auf Felswände. Ohne große Steigung wandern wir durch den großen Kastanienwald der Falanga. Es folgt ein steiler Anstieg, der von jedem rüstigen Wanderer zu schaffen ist. Man gelangt dann zum Epomeo, wo man Rast machen sollte. Der Rückweg über die Pietra dell'Acqua nach Serrara bereitet keine besonderen Schwierigkeiten.

Anfahrt: Busse CD und CS
Gehzeit: 4 Stunden

In Serrara hat man zunächst an der Haltestelle einen schönen Ausblick hinab auf S. Angelo und seine Halbinsel Roja. Auch ein kurzer Besuch der alten Kirche an diesem Platz ist interessant. Man geht nun durch den Torbogen die alte Dorfstraße mit einigen Stufen bergan und kommt dann im Ortsteil Pantano zu einer ausgebauten Fahrbahn. Von hier aus führt der Weg gleich an dem roten Briefkasten links aufwärts. Am Wasserwerk links vorbei erreichen wir das Restaurant Braconiere mit einer Terrasse zum Meer.

Hier beginnt die Via Panoramica, die jetzt so ausgebaut ist, daß man einige schöne Stellen auch mit dem Auto erreichen kann. Der Verkehr ist allerdings sehr gering, so daß er kaum stört. Wer aber nicht wandern kann, hat so die Möglichkeit, auch von hier aus die Gebirgslandschaft zu erleben.

Wir überqueren dann einen kleinen Sportplatz. Bald danach hören die Weinberge auf. Oft trifft man hier eine Herde von Zie-

Ein Blick auf Forio von der
Via Panoramica aus

Auf der Via Panoramica begegnen wir einem
mit Stämmen beladenen Esel, der sich als Hintergrund
die Punta Imperatore ausgesucht hat

55

gen und Schafen mit Hunden, die einen zwar anbellen, aber nicht bösartig sind. Rechts erhebt sich die Bocca di Serra, die wir auf dem Rückweg überqueren werden. Auf der rechten Seite sehen wir am Wege Bäume und Sträucher, welche durch die Schwefeldämpfe einer nur noch wenig aktiven Fumarole geschädigt sind.

Etwas abwärts gehen wir nur auf den Akazienwald zu, der Ende Mai herrlich blüht und duftet. Vor ihm zweigt links der Weg zu dem Kirchlein S. Maria del Monte ab, das wir noch auf einer anderen Wanderung besuchen werden. An der rechten Seite unseres Weges sehen wir an einem Felsen in etwas verwitterten roten Buchstaben einen Hinweis zum Epomeo und gehen hier geradeaus durch den Akazienwald. An Resten von Mauern kann man sehen, daß hier früher Weingärten oder Felder waren. Nach einem etwas felsigen Gebiet kommt man in den Kastanienwald auf der kleinen Hochebene Falanga unterhalb der Felsenwand zwischen Epomeo und Pietra dell'Acqua. Dort erreicht man den ausgetretenen Weg, der von S. Maria del Monte zum Epomeo führt. An einem Felsblock weist in einem etwas verwitterten Rot das Zeichen E.P. darauf hin, daß hier rechts hinauf der Weg zum Epomeo führt. Dieser Anstieg ist steil, der Pfad jedoch so ausgetreten, daß man nicht mehr wie früher Schwierigkeiten mit dem Brombeergestrüpp hat.

Oben erreichen wir am Rande des Abbruchs den Pfad, der von der Pietra dell'Acqua zum Epomeo führt. Nun sieht man den Epomeo plötzlich vor sich. Nach dem steilen Anstieg ist dieser Anblick so schön und befreiend, daß einem das letzte, noch beachtlich ansteigende Stück zum Gipfel nicht schwerfällt. Es kann auch vorkommen, daß man von hier aus den Epomeo gar nicht sieht, weil er durch Wolken verhüllt ist. Man sollte dann erst einmal Rast machen. Will man nicht durch den Nebel emporsteigen, sondern heimwärts wandern, so geht man auf dem Pfad, der vom Abbruch wegführt, geradeaus weiter. Man kommt dann ein beachtliches Stück unterhalb des Epomeo auf den Maultierweg direkt nach Fontana. Eine soche Wettersituation ist aber selten. Wenn das ganze Bergmassiv im Nebel liegt, wird man ohnehin nicht zum Epomeo wandern.

Meistens wird man bei schönem Wetter den Gipfel erreichen und dort auf der Terrasse evtl. in eine Decke gehüllt ausruhen und die schöne Landschaft betrachten. Wir sehen von hier aus auch

Im Kastanienwald der Falanga stehen wir vor einer
Felsenwohnung, deren Rauchabzüge uns wie Augen anblicken.

den Pfad, der zur Pietra dell'Acqua führt, die man in einer halben Stunde erreichen kann. Bei guter Sicht werden Fotofreunde sicher eine Pause machen, weil man zwischen den Felsen der Wand einen guten Ausblick hinab auf Forio und seine Umgebung hat.

Der Weg führt nun geradeaus weiter zur Bocca di Serra (558 m). Auch hier sollte man sich nur auf die Gipfelspitze wagen, wenn man schwindelfrei ist. An der Nordseite befindet sich eine Höhle, die bei schlechtem Wetter Schutz gewähren kann. Sie wird gern als Rastplatz benutzt.

Bocca heißt Maul und weist auf die Sage des schaurigen Kampfes zwischen Zeus und den Titanen hin. Danach war Hera empört, als ihr untreuer Zeus mit seiner Schwester Demeter den Dionysos zeugte. Ihre Wut steigerte sich noch, als Zeus und die anderen Götter mit dem lustigen Knaben gern scherzten. Sie stiftete die Titanen an, Dionysos zu zerreißen. Dem allmächtigen Zeus gelang es jedoch, ihn aus den Stücken neu zu erschaffen. In rasendem Zorn stürzte er sich nun auf die Titanen. Einen von ihnen, den Typhoeus, erreichte er hier in den Lüften. Er schleuderte einen gewaltigen Gesteinsbrocken auf ihn, unter dem der Titan im Meer versank. Der aus dem Wasser über ihm herausragende Felsen ist die Insel Ischia. Darunter windet sich heute noch schnaufend und stöhnend der versunkene Typhoeus.

Als sein feuriger Atem kommen die Fumarolen an der Bocca gewissermaßen aus seinem Maul. Wenn bei einem der oft heftigen Unwetter die Winde heulen, ist das sein Stöhnen. Der Kratersee des Hafens von Porto ist sein Auge. Panza hat seinen Namen von seinem Bauch, Testaccio von seinem Kopf, Piedimonte von den Füßen und Ciglio von den Wimpern. Der Felsen des Fungo in Lacco soll sich als besonderer Körperteil des Titanen aus dem Meer emporrecken. Einheimische meinen, daß dort das Wasser deswegen gut für die Fruchtbarkeit ist. Es ist ein eigenartiges Gefühl, wenn wir fröhlich auf der Insel umherwandern und feiern, während sich tief unter uns Typhoeus immer noch windet und stöhnt. Solche Gedanken können einem hier oben an der Bocca kommen, wo man einen großen Teil der Insel so schön überblicken kann. Wir müssen aber weiter und kommen nach der Bocca auf ausgetretenen Pfaden rechts am Sportplatz zur Via Panoramica. Wenn wir dann noch Zeit haben, können wir eine Rast im Restaurant Braconiere machen, bevor wir nach Serrara zurückgehen.

4 Zwei andere Wege von Serrara zu der Pietra dell'Acqua

Wer öfter auf der Insel wandert, wird immer wieder an neuen Routen interessiert sein. So kann man auch noch auf zwei anderen Wegen zur Pietra dell'Acqua gelangen.

Auf dem einen geht man zunächst im Ortsteil Pantano wie zur Via Panoramica bei dem roten Briefkasten bergan, jedoch vor dem Wasserwerk nicht nach links sondern geradeaus. Über einen Kreuzweg kommt man zu einer Anhöhe, durch die ein enger Hohlweg führt, der vor langer Zeit durch den Felsen gebrochen wurde. An der schweren Arbeit, die dafür notwendig war, kann man erkennen, wie wichtig einst dieser Zugang zu den jetzt meistens brach liegenden Feldern und zur Pietra dell'Acqua war. Das Wasser der Zisternen auf dem Berg war für die Dorfbewohner lebensnotwendig. Nach dem Hohlweg kommt man zu einem langen Tal, das schon zur Abbruchsenke des Massivs gehört. Ein Feldweg und mehrere Pfade führen dann hinauf zum Berg.

Bei dem zweiten Weg über Calimera geht man bei dem roten Briefkasten geradeaus weiter und gleich links hinter dem Friedhof bergan. Die Schlucht, in die wir nach Callimera gelangen, ist so eng, daß man einen Teil der Häuser in die Felsenwände hinein-

In Calimera hat man Wohnungen in die Felsenwand gebaut.
Sie sind im Sommer kühl und im Winter warm.

gebaut hat. Ein malerischer Anblick! Auch von diesem Ort aus
hat man einen schmalen Weg durch den sehr hohen Felsen zu den
Feldern geschlagen. Der Pfad wird so eng, daß er nicht mit Fahr-
zeugen, sondern nur mit Maultieren passiert werden kann, die
hier im Ort gezüchtet werden. Danach gelangt man zu dem rechten Rand der Abbruchsenke und zu den Pfaden, die von Fontana
zur Pietra dell'Acqua führen.

Abwechslungsreiche, nicht schwierige Wanderung, auf der alten Via Candiana durch Weingärten ansteigend. Die Pfade der brach liegenden Felder des Jetto sind mitunter durch Farnkraut etwas zugewachsen. Die Orientierung ist trotzdem nicht schwierig.

Anfahrt: Busse CD und CS

Gehzeit: 2 Stunden

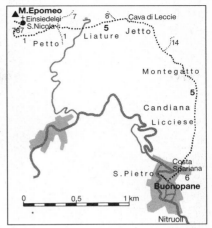

Das Dorf Buonopane hat den Namen von seinem guten Brot. Am 24. Juni wird dort bei einem Volksfest ein Stockschwertertanz aufgeführt, der auf die griechische Choreographie zurückgehen soll. Man zeigt ihn auch an anderen Orten der Insel.

Die Wanderung beginnt man an der Piazza im oberen Teil des Dorfes. Von hier geht man an der Kirche vorbei bis zu einer Schlucht. Dort biegt man links ein und läuft zunächst oberhalb des Baches bergan. Man wandert dann halbrechts zwischen den Weingärten weiter und sieht bald, wie unsere alte Via Candiana mit vielen Stufen zum Paß hinaufführt. Rechts zweigt ein Pfad nach Piedimonte und Fiaiano ab.

Nachdem die Stufen aufgehört haben, kommt man nach einer halben Stunde zu einer Abzweigung. Rechts führt der Weg durch den Wald zum Monte Trippodi, links zu Weinbergen. Zwischen ihnen steigen wir auf einem Pfad durch den Wald weiter bergan. Im freien Gelände kommt man zu einer leeren Steinhütte mit einem Anbau. Sie bietet bei Regen Schutz und ist ein guter Orientierungspunkt bei Nebel, zumal von der anderen Seite ein Pfad vom Buceto heraufkommt.

Von Buonopane führt die alte Via Candiana
hinauf zu den Weingärten und zu den Pfaden
zum Epomeo und zum Monte Trippodi

Wir gehen danach weiter bergan und kommen an den Waldrand des nördlichen Abbruchs. Gegenüber von zwei neuen Hütten zweigt hier rechts zum Tal der Pfad nach Maio ab.

Wir bleiben weiter auf unserem Pfad und sehen vor uns die Sendeanlagen. Nach einem kleinen bewaldeten Einschnitt kommt man zu der Straße dorthin und überquert sie. Ein gut ausgetretener Pfad führt uns nun direkt unterhalb der Bar Cuieta zum letzten Teil des Anstiegs von Fontana zum Epomeo.

6 Buonopane – Buttavento – Madonna – Via Candiana

Ein schöner Höhenweg mit guter Aussicht nach allen Seiten, aber wenig Schatten. Eignet sich auch als Teil eines Rundwegs ohne Schwierigkeiten.

Anfahrt: Busse CD und CS

Gehzeit: 50 Minuten

Man geht wie oben von der Piazza Buonopane an der Kirche vorbei. Bald nachdem man links eingebogen ist, zweigt der Weg an einer Eiche mit z.T. freistehenden Wurzeln nach rechts ab. Etwas rechts hinauf führt die Straße nach Buttavento. Bald danach erreicht man den Kamm und hat einen herrlichen Rundblick vom Golf von Neapel bis zum Epomeo.

Etwas unterhalb des Kammes steht die weiße Statue einer Madonna, die auch viel von Einheimischen besucht wird. Man folgt dann dem Pfad auf dem Kamm oder dicht darunter. Ein Pfad von der Via Candiana nach Piedimonte kreuzt unseren Weg. Man erreicht die Via Candiana kurz bevor die Wege zum Monte Trippodi und zum Epomeo von ihr abzweigen.

Wenn man von hier aus auf der Candiana nach Buonoopane zurückgeht, hat man einen wenig anstrengenden Rundweg in einer abwechslungsreichen Umgebung.

63

7 Fontana – Sendestation – Capo dell'Uomo – Epomeo – Fontana

Die schwierigste, aber auch eine der schönsten Wanderungen. Nach der Bar Cuieta links vorbei an der Sendestation steigt man an der Nordseite des Abbruchs schräg abwärts und kommt zu dem gut markierten Anstieg zum Capo dell'Uomo. Auf dem Grat zwischen ihm und dem Epomeo erreicht man dessen Nordwand. Auf dem letzten Stück zu S. Nicola muß man die Hände zu Hilfe nehmen. Abstieg nach Fontana auf einem der beschriebenen Wege. Eine Tour für erfahrene Bergsteiger, die man nicht allein, wegen der Rutschgefahr nicht bei feuchtem Wetter und beim ersten Mal nicht als Abstieg unternehmen sollte.

Anfahrt: Busse CD und CS

Gehzeit: 3½ Stunden

Von Fontana erreicht man wie beschrieben in einer halben Stunde die Bar Cuieta. Rechts von ihr folgen wir einem Pfad auf der Böschung mit einigen ausgelegten Steinen. Man steigt nun langsam an und vermeidet Abzweigungen links hinauf. Am Zaun der Sendestation vorbei führt der Pfad zur Kante des Abbruchs, von der man schräg nach links absteigend in einer knappen halben Stunde zu einer Wohnhöhle in einem Stein kommt.

Bald danach zweigt links der Pfad für den Anstieg ab. Er verläuft mitunter im Zickzack und ist gut an Bäumen durch silberne Punkte und Lattenstücke markiert, die schwarz mit Epomeo beschriftet sind. Man sieht mehrmals Wohnhöhlen in Felsen, von denen eine besonders geräumige die Jahreszahl 1822 hat und mit

Für jeden Bergsteiger ist der Anstieg
zum Capo dell Uomo und von dort
auf dem Grat und an der Wand
zum Epomeo ein schönes Erlebnis

Fenster und Rauchabzug gut ausgebaut ist. Auf diesem Pfad
erreicht man in einer halben Stunde den Paß am Capo dell'Uomo.

Wir gehen auf dem Grat nach links und sehen den Epomeo nun
ganz anders wie sonst vor uns. Der bewaldete Pfad führt direkt in
Richtung zu der kleinen Gaststätte im Westen des Gipfels, aber zu
einer sehr steilen Wand. Man folgt deswegen der Markierung nach
rechts, die nach einigen Schritten abwärts hinauf zu S. Nicola
führt. Das letzte Stück des Anstiegs ist zwar steil, aber z.T. mit
kleinen Vertiefungen so angelegt, daß erfahrene Bergsteiger keine
besonderen Schwierigkeiten haben. Man kommt zur oberen
Terrasse der Gaststätte und wird oft von Gästen freudig begrüßt.

Nach einer wohlverdienten Rast kann man nun nach Fontana,
Serrara oder Foria hinabwandern.

Frost und Wind haben aus einem Felsen
am Capo dell Uomo ein Kunstwerk geformt

*Abwechslungsreiche Wald-
wege meistens am Nordhang
des Epomeo. Für erfahrene
Wanderer mit gutem Orientierungssinn. Kaum Markierungen.*

Anfahrt: Bus 3 bis Piazza Maio

Gehzeit: 4 Stunden

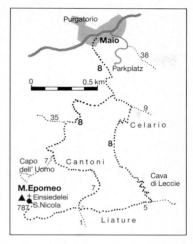

An der Piazza befindet sich auf einem Schild der Pension Magno-
lia ein Hinweis für den Weg zum Epomeo. Man geht an der Pension rechts vorbei. Auf einem steilen Maultierpfad kommt man in
10 Minuten zu einem auffallend großen Parkplatz. Er ist übrigens
eine gute Orientierungshilfe, weil man ihn von vielen Stellen im
Wald gut sehen kann. Wer den steilen Hang etwas langsamer
angehen will, kann etwas unterhalb der Piazza auf einer wenig
befahrenen, breiten Straße gemächlicher zum Parkplatz gelangen.

Von hier aus steigt man an der geschlossenen Bar Rarone vorbei zum Wald und auf einem Wirtschaftsweg halb links bergan.

Wenn man etwa eine halbe Stunde von Maio aus unterwegs ist,
kommt man an eine Abzweigung. Unser bisheriger Weg fällt jetzt
etwas ab. Wir steigen nun halbrechts bergan. Rechts kommen
bald zwei schmale Wege von S. Maria del Monte. Nach einer
Bauminsel, an der unser Weg auf beiden Seiten vorbeiführt, sehen
wir an einem Baum einen gelben Farbfleck. Etwas weiter bergan
ist unser Weg wegen eines Erdrutsches z.Z. nicht mehr passierbar.

An dieser wichtigen Stelle führt ein Pfad an der Böschung hinauf in spitzem Winkel zurück. Wir folgen ihm und kommen nach etwa 140 m links zu einem Zickzackpfad. Auf ihm steigen wir steil an und bleiben in der Richtung, wenn auch mitunter der Pfad schwer zu erkennen ist. Wir kommen in eine Schlucht, in der sich in etwa 1 m Höhe eine kleine Höhle befindet, die wie ein Backofen aussieht. Wenn man vorher nach rechts abkommt, liegt die Schlucht tief vor uns. Man muß dann an ihr oben entlang gehen, bis man zu der Stelle mit der kleinen Höhle kommt. Vor hier aus führt der Pfad links hinauf zum Rande des Jetto, wo die zwei neuen Hütten stehen. Von hier aus folgen wir dem Anstieg von Buonopane zum Epomeo.

Zurück nach Maio geht man vom Epomeo zunächst hinab bis zur Bar Cuieta und folgt zunächst dem Weg zum Capo dell'Uomo an dem Zaum der Sendeanlage vorbei und am Hang bis dorthin, wo der Pfad zum Epomeo nach links oben abzweigt. Hier geht man noch etwas geradeaus abwärts und biegt am ersten Weg nach rechts ab. Man erreicht den Weg, der von S. Maria del Monte nach Maio führt, und folgt ihm nach rechts, bis man dorthin kommt, wo man auf dem Hinweg in den Wald hinaufgestiegen ist. Über den Parkplatz erreicht man Maio.

Hinweis: Wege zum Epomeo von Forio und Porto
Von Porto und Forio aus wandert man z.T. auf den beschriebenen Wegen zum Epomeo. Im Zusammenhang mit diesen Gebieten wird darauf hingewiesen, wie man Wege von dort mit denen zum Epomeo kombinieren kann.

Wanderungen um Porto d'Ischia

Man kann in Porto und Ponte sehr nett durch Straßen oder am Strand entlang bummeln. Es ist auch interessant, auf das Castello zu steigen oder mit dem Lift hinaufzufahren. Dazu braucht man keine Ratschläge. Richtige Wanderungen sind im Stadtgebiet kaum möglich, weil der schöne Pinienwald fast ganz in Privatgrundstücke aufgeteilt ist. Oberhalb der Umgehungsstraße und von Campagnano aus kann man jedoch sehr schöne Wanderungen unternehmen. Ein guter Ausgangspunkt ist das Hotel Bellevue, mit sehr guter Küche. Von ihm aus erreicht man in einer knappen halben Stunde Fiaiano. Auch führen 9 Buslinien in schöne Wandergebiete.

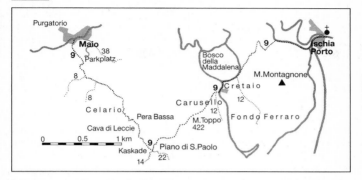

Die abwechslungsreiche Wanderung ist dadurch etwas erschwert, daß einige Pfade mitunter zugewachsen sind, einer sogar so, daß eine beachtliche Umgehung notwendig ist. Sehr interessant ist das wasserreiche Gebiet des Buceto. In feuchten Schluchten sieht man z.T. auch infolge vulkanischer Wärme einen so starken Pflanzenwuchs, daß man an Urwald erinnert wird. Solange der Pfad von der Via Cretaio aus nicht freigemacht ist, sollte man die Wanderung bis Maddalena wie unter 10 beschrieben von der Via Morgioni aus beginnen.

Anfahrt: Zu dem Ausgangspunkt Porto Hafen fahren alle Busse.

Gehzeit: 3 Stunden

Vom Hafen Porto aus sieht man die umfangreichen Waldgebiete des Monte Rotaro und des Montagnone. Die Wanderung führt zunächst zwischen beiden bergan. Man geht neben der kleinen Kirche die Via Querica hinauf über die Umgehungsstraße hinweg, bis auf der linken Seite das Haus Nr. 60 durch ein Tor mit einem großen weißen Rad auffällt. Gegenüber ist ein Fermata-Schild. Man kann vom Hafen auch mit dem Bus alle 3 Stunden etwa einmal bis hierher fahren, statt 15 Minuten Gehzeit.

An dieser Stelle biegt eine kleine Straße nach oben ab. Sie ist mit schwarzen Buchstaben an der Mauer mit Via Cretaio gekennzeichnet. Auf ihr gehen wir bis zum letzten Haus bergan. Gegenüber beginnt an der Böschung der Wanderpfad. Man folgt ein kurzes Stück, muß dann aber an einer Müllstelle nach rechts gehen, weil der alte Maultierpfad nach Cretaio sehr zugewachsen ist.

An der Müllstelle vorbei geht man am Rande des Bosco della Maddalena aufwärts, biegt links in einen Pfad ein, der etwas bergan geht. Auf ihm gelangt man zu einem breiten, wenig benutzten Weg, welcher etwas aufwärts führt. Kommt man etwas zu tief zu Staustufen, muß man auf kleinen Jägerpfaden bis zum Weg bergan gehen. Schließlich erreicht man einen breiten Weg, der rechts zum Monte Rotaro hinaufführt. Auf ihm geht man links bis zu einem grün-weißen Tor, das man an der Seite passieren kann.

Von hier geht man auf einem Wirtschaftsweg am Rande des Bosco della Maddalena weiter und dann links auf der Straße bis zur kleinen Kirche Cretaio. Sie wurde gebaut, als hier im Mittelalter nach einer Pest die Toten bestattet wurden. Jeden Freitag ist hier Messe. In der Nähe sind zwei große Lokale mit schönen Aussichtsterrassen. Beide sind inzwischen geschlossen. Direkt neben der Kirche hat aber der Bauer Stefano einen Ausschank, in dem man aus seiner Küche und seinem Weingarten bedient wird.

Von Cretaio geht man auf der Straße zunächst etwas geradeaus weiter. Links biegt dann die Straße nach Fiaiano ab und bald danach auch links ein Waldweg am geschlossenen Lokal El Condor vorbei ebenfalls nach Fiaiano. Wir kommen dann zu einer Wegegabel, an der wir geradeaus etwas steil auf lockerem Kies ansteigen, und kommen so zu dem quellenreichen Gebiet des Buceto. Hier sieht man durch Mauern geschützte, meist quadratische Brunnen, an denen Privatleute und auch Hotels besondere Rechte haben. In Dürrejahren holen hier auch Fremde Wasser, was oft zu Streit führt.

Vor uns liegt nun die Schlucht der Cava Caduta. Sie ist so dicht mit Bäumen, Ranken und anderen Pflanzen bewachsen, daß die Sonne nur an wenigen Stellen hindurchscheint. Man geht etwas abwärts und dann von einer Wasserstation hinauf bis zu einem Gelände, das infolge von Bauvorhaben und Bränden nur wenig bewachsen ist. Hinter einem rechteckigen hellen Gebäude zweigt hier ein Pfad nach Casamicciola ab. Wir gehen bei ihm links auf einem Pfad in einer bewaldeten Schlucht hinauf zum Piano di S. Paolo, einem weiten Gelände auf dem Paß.

In der Cava Caduta
gedeiht durch
Wasserreichtum
und vulkanische
Wärme ein
üppiger Wald

Man kommt hier zu den Kaskaden eines meistens trockenen Bachbettes. Links führt ein Pfad hinab nach Buonopane. Auf zwei unscheinbaren Pfaden an der linken Böschung gelangt man zu der leeren Steinhütte im Jetto an dem Pfad zum Epomeo.

Geht man über die Kaskaden etwas höher, so kommen wir rechts, aber fast in der gleichen allgemeinen Richtung zu unserem Pfad hinab nach Maio. Einst wurde er durch Wald- und Steinarbeiter gut angelegt und instandgehalten. Jetzt ist er an manchen Stellen abgerutscht und bei feuchtem Wetter nicht leicht zu passieren. Bei der Schneeschmelze stürzen hier die Bäche bergab. Der Pfad verläuft so, daß man sie leicht überqueren kann. Mitunter schaut man in eine tiefe Klamm, die durch hohe Bäume so schattig ist, daß man von ihr keine Aufnahme machen kann. Auf jeden Fall macht es Freude, durch diese urige Landschaft zu wandern. Man errreicht schließlich den Weg, der von Maio aus am Waldrand zu dem Pfad für den Anstieg zum Epomeo führt. Auf ihm kommt man zu dem großen Parkplatz und kann dort entweder links auf dem Maultierpfad oder rechts auf der Straße mit den Serpentinen zur Piazza Maio hinabgehen, wo man den Bus 3 erreicht.

Abwechslungsreicher Anstieg zum Bosco della Maddalena. Bei dem Rundweg auf dem Kraterrand kommt man zu einem Einschnitt und von dort zum Grunde des Kraters. Nach mühelosem Anstieg wieder hinauf zum Rande ereicht man auf gut passierbaren Wegen Castiglione. Keine besonderen Schwierigkeiten. Bei heißem Wetter sollte man nicht in umgekehrter Richtung von Castglione aus ansteigen.

Gehzeit: 3 Std.

Rückfahrt von Castiglione: Busse CS 1 und 3

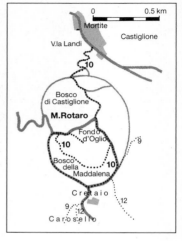

Man kann die Wanderung auch wie oben bei Weg 9 beschrieben auf der Via Cretaio beginnen. So lange der Pfad von dort jedoch nicht frei gemacht ist, sollte man den Weg von der Via Morgione aus vorziehen. Man geht von ihr die Via della Vigne bis zur Umgehungsstraße hinauf und darunter hindurch. Auf einem alten Maultierpfad gelangt man dann zwischen Lavaschichten zu Via Nuova dei Conti und geht auf ihr rechts ein kurzes Stück abwärts, bis man am Haus 47 links in eine Straße abzweigt. Auf ihr wandert man bergan und sieht rechts oben am Walde ein Haus mit einem grünen Dach.

Die Straße geht in einen Waldweg und schließlich in einen Pfad über. Rechts sieht man den quadratischen Ziegelbau eines bedeckten Brunnens. Der Pfad biegt etwas nach rechts. Bald danach gabelt er sich. Man geht nach links und kommt bald zu einer Stelle, wo ein Weg rechts bergan freigemacht ist. Auf ihm kommen wir zu einem Jägerpfad, auf dem man nach links die unterhalb zugewachsene Stelle umgehen kann. Der Weg wird so offen gehalten,

Hinter dem Hafen von Porto erheben sich der
Montagnone und der M. Rotaro

damit man die Brunnen im Wald kontrollieren kann. Man kommt
zu einem Ziegelbrunnen und geht links an ihm vorbei. Danach
steigt der Pfad in einigen Windungen an. Man gelangt zu einem
Wirtschaftszweig und auf ihm bald zum Bosco della Maddalena.

Dort geht man an dem grün-Weißen Tor vorbei und kommt auf
einem breiten, leicht ansteigenden Weg zum Rande des großen
Kraters. Pichler hat sehr anschaulich geschildert, wie diese Erhe-
bungen am M.Rotaro durch mehrere Eruptionen zwischen der
Zeitenwende und 1300 entstanden sind. Das ganze Gebiet ist heute mit einem Kiefernwald bedeckt. Es ist deswegen erfreulich,
daß Pichler mit dem nebenstehenden Modell die Umrisse der
Formationen übersichtlich darstellt.

Wir stehen nun am Rande des 350 m breiten, 127 m tiefen Kessels, der nur uns gegenüber in Richtung Casamicciola einen
Durchbruch hat. Rechts davon erhebt sich der bewaldete M.Ro-
taro (266 m), der nicht der höchste Berg des Komplexes ist.

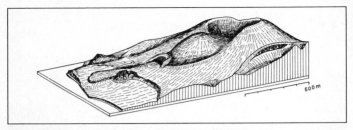

Heutiger Zustand des Mte. Rotaro. Aus dem Rotaro III-Krater hat sich ein kleiner Alkalitrachyt-Strom bis ins Meer ergossen. Durch die Erosion ist in der Cava del Puzzillo der Gipfelstrom des Rotaro I angeschnitten.

Wir nehmen uns nun für die Rundwanderung um den Krater eine reichliche Stunde Zeit. Unser heller bisheriger Weg führt rechts am Kraterrand entlang. Wir verlassen ihn zunächst auf einem gut passierbaren Pfad auf dem Rande nach links und steigen langsam bis 306 m an. Links am Hang ist geschlossener Kiefernwald. Rechts haben wir immer wieder interessante Ausblicke um und über den Kessel. Der Pfad führt dann hinab zum Durchbruch, den wir bei einer Wasserstation an der Straße von Casamicciola erreichen. Sie führt rechts zu einem Parkplatz. Rechts davon kommt man auf einem Pfad zu dem tiefsten Punkt des Kessels. Wir gehen zurück am Parkplatz vorbei, wo rechts ein gut ausgebauter Weg dort hinauf zum Kraterrand führt, wo wir ihn vom Bosco della Maddalena aus erreicht haben.

Dort führt rechts ein ausgebauter Pfad zu einem Weg hinab, auf dem wir nach links und dann rechts hinab nach Castiglione gelangen. Man kann auch auf dem Kraterrand oben noch ein Stück weiter und dann erst rechts abwärts gehen. Castiglione erreicht man an der Fermata gegenüber der Villa Sanssouci noch mit der Bezeichnung Ischia Reisedienst, eine Haltestelle vor dem Thermalbad Castiglione.

In umgekehrter Richtung sollte man diesen Weg nur bei kühlem Wetter wandern, weil der Anstieg in dem trockenen Kiefernwald bei Hitze beschwerlich ist. Auch gibt es an diesem Hang so viele Wege meistens mit Stufen, so daß man evtl. erst auf Umwegen zum Kraterrand kommt.

Porto (Via d. Vigne) – Alte Seilbahnstation Montagione

Einfache Wanderung zu einem schönen Aussichtspunkt ober halb des Hafens. Wer auf einem der beiden Gipfel oder um den Berg weiterwandern will, muß mitunter durch Gestrüpp hin durch.

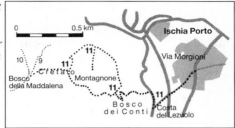

Gehzeit bis zur Seilbahn: 40 Minuten

Wenn man in den Hafen von Porto fährt, sieht man über den Häusern das Waldgebirge des Montagione (254 m). Früher führte eine Seilbahn hinauf, die bis auf Reste der Bergstation abgebaut ist. Nach diesem Mißerfolg hat man die Wege vom Hafen aus zuwachsen lassen oder verbaut. Es ist aber möglich, von der Via Morgioni aus dorthin zu gelangen.

Man beginnt die Wanderung wie bei Weg 10 auf der Via della Vigne. Kurz hinter dem ersten quadratischen Ziegelbrunnen biegt man aber nicht nach links ein, sondern bald danach geht man rechts etwas abwärts zu dem großen Haus mit dem grünen Dach. Gleich nach ihm führt ein Pfad links bergan. Auf ihm erreicht man in wenigen Minuten die abgebaute Bergstation der Seilbahn und hat von hier einen herrlichen Ausblick über die Stadt und das Meer bis zum Festland.

Früher führte von hier ein Rundweg um den Berg. Zunächst ist er noch gut passierbar. Man kommt zu einem roten Zeichen mit einem R. Bald danach ist der Weg zugewachsen. Links kann man von hier zum Gipfel ansteigen, wenn man einige Schwierigkeiten nicht scheut. Man wird mit einem herrlichen Rundblick belohnt. Man sollte auf dem gleichen Weg zurückwandern, da die direkten Pfade von hier zum Haus mit dem grünen Dach schwierig sind.

1990 soll der Weg vom Hafen zum Montagione im Rahmen des Förderungsprogramms für Jugendliche freigemacht werden.

Porto – Fiaiano – Cretaio – Selva Neapolitano – Maisto – Fiaiano – Porto

Ein abwechslungs reicher Rundweg im Vulkangebiet. Für gute Wanderer ohne Schwierigkeiten.

Gehzeit von Porto: 3¼ Stunden. Man kann die Wanderung abkürzen, wenn man mit dem Bus 6 nach Fiaiano und zurückfährt.

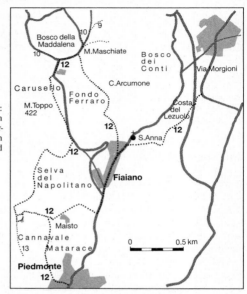

Von Ischia Porto aus kann man auf einem guten Fußweg nach Fiaiano wandern und beginnt dort, wo die Straßen Morgioni und Montagna zusammentreffen und oberhalb davon eine weithin sichtbare Treppe zur Umgehungsstraße führt. Man geht dort hinauf, überquert die Straße und geht schräg von ihr hinauf zu dem bewaldeten Kratergebiet des Monte Arso.

Aus ihm erfolgte 1301 die letzte große Eruption auf der Insel. Die Lavamassen ergossen sich damals alles vernichtend in einem breiten Strom bis zum Meer. Im vorigen Jahrhundert ließen die Bourbonen dieses Gebiet durch den Engländer Gussone mit Schirmpinien bepflanzen. Heute liegt am Rande dieses schönen Waldes die Kirche S. Anna von Fiaiano. Dort, wo einst die Lava hervorbrach, tummeln sich heute vergnügt Kinder zwischen den schattigen Bäumen.

76

Durch einen bewachsenen Hohlweg der Cava Bianca
kommt man hinauf zur Selva del Neapolitano

An der Kirche vorbei kommt man zu einer Straße, die zur Piazza hinaufführt. Wir gehen aber schon etwas vorher eine Straße rechts hinauf an dem Restaurant Bellavista vorbei. Von hier können wir den Krater des Monte Arso und den Pinienwald bis hin zum Meer überblicken.

Wo die Straße oben nach rechts abbiegt, gehen wir auf dem Fußweg geradeaus. Bald sehen wir halb links vor uns den Krater Ferraro und bleiben auf dem Weg am Hang. Auf der anderen Seite des Tales sehen wir im Wald das auffallende helle Gebäude des geschlossenen Lokals El Condor. Nun sind wir am Rand des Monte Rotaro und gehen links auf der Straße zur Kirche Cretaio.

Danach gehen wir nicht gleich links auf der Straße weiter, sondern etwas höher auch links auf dem Waldweg an El Condor vorbei und sehen von hier über den tiefen Krater und den Wald zum Meer. Wir kommen dann auf die Fahrstraße, biegen aber von ihr bald rechts in den Hohlweg der Cava Bianca ein, der fast ganz von Bäumen überdacht ist. Nun geht man rechts in einem offenen Hohlweg mit Vulkankies bergan, folgt aber bald links einem gut belaufenen Pfad am Monte Trippodi. Vor einem Eichenwald des Selva d. Neapolitano muß man darauf achten, daß man nicht zu hoch kommt. Auf dem Pfad in einem kleinen, etwas bewachsenen Hohlweg geht man ein wenig abwärts in den Eichenwald und kommt am Hang entlang zu einem etwas freien Gelände vor dem Gehöft am Canavale. An sich führt kurz davor unser Weg durch eine Schlucht nach Maisto. Z.Z. ist er jedoch hier nicht passierbar. Wir gehen deswegen weiter und dann links zum Gehöft. Der freundliche Eigentümer hat nichts dagegen, wenn man durch seinen Garten in die Schlucht zu dem Weg nach Maisto geht.

Von der Schlucht aus geht man links hinauf zu der Ruine des Stifts Maisto und gelangt von hier in wenigen Minuten bei dem LKW-Parkplatz Leonhard zum Ortsrand von Fiaiano.

Wenn man vor Maisto auf dem Weg in der Schlucht bleibt, kommt man in 25 Minuten nach Piedimonte, von wo viele Busse nach Porto, Maronti und Barano verkehren. Will man von Piedimonte aus nach Cannavale ansteigen, so ist der Ausgangspunkt für diesen Weg am Kirchplatz links in der Ecke, wo die betreffende Straße durch ein Verkehrszeichen für Autos gesperrt ist.

Von Barano über Cretaio nach Casamicciola, Castiglione oder Porto

Diese kleine Überquerung der Insel fast nur auf Pfaden bereitet keine besonderen Schwierigkeiten. Man muß jedoch darauf achten, daß man nicht auf kurze Jägerpfade abkommt. Evtl. muß man zur letzten Abzweigung zurückgehen. Man muß auch berücksichtigen, daß man während der ersten halben Stunde kaum Schatten hat. In Cretaio kann man entscheiden, ob man die Überquerung in Casamicciola, Castiglione oder Porto abschließen will.

Anfahrt: Busse CS und CD, Piazza Barano

Gehzeit: 2½ Stunden

Man beginnt die Wanderung links neben der Kirche und steigt am Hang langsam bergan. Links sieht man am Kamm die weiße Statue der Madonna. Nach rechts hat man zunächst immer einen freien Blick über Piedimonte und Porto zum Meer. Schon durch die Weinberge sollte man auf die Abzweigungen achten, da man evtl. etwas zurückgehen muß.

Im Wald verläuft der Pfad nicht ganz gerade, ist aber so belaufen, daß man ihn gut erkennen kann. Rechts sehen wir das Gehöft von Cannavale und bleiben oberhalb. Am Rande des Monte Trippodi kommen wir, wie oben in der anderen Richtung beschrieben, zur Selva d. Neapolitano und zum Hohlweg der Cava Bianca.

Danach geht man ein kurzes Stück auf der Straße nach links. Auf dem Waldweg, der links abzweigt und mit einem Verbotsschild für Motorräder gekennzeichnet ist, gelangen wir oberhalb an El Condor vorbei nach Cretaio. Hier kann man im Ausschank neben der Kirche Rast machen.

Wenn wir von hier nach Casamicciola gelangen wollen, haben wir für unseren Weg nur noch Straße. Wir können auch rechts zum Bosco della Maddalena am Monte Rotaro mit leichtem An- und Abstieg nach Castiglione wandern. Dort verkehren viele Busse. Wenn wir nach Porto gehen wollen, müssen wir nach dem grün-weißen Tor zunächst oberhalb der Schlucht im Pinienwald bleiben und dann vor den ersten Häusern nach rechts zu dem Pfad, der zur Via Cretaio führt. Wer die Gegend noch nicht gut kennt, sollte auf dem Weg von dem Bosco della Maddalena nach rechts über Fiaiano nach Porto wandern.

14   Porto – Epomeo

Es ist kein besonders schwieriges Unternehmen, von Porto zum Epomeo zu wandern. Man braucht nur etwas Ausdauer und einen guten Orientierungssinn. Die Route kann man im wesentlichen nach bisher beschriebenen Wegen zusammenstellen, muß jedoch auf die Verbindungen zwischen ihnen achten. Es wird zunächst der Weg beschrieben, der z.Z. am günstigsten ist. Danach wird noch auf einen anderen hingewiesen.

Gehzeit: 3½ Stunden

Man beginnt die Wanderung von der Via Morgioni über die Umgehungsstraße und geht in Fiaiano über die Piazza hinaus in Richtung Piedimonte, bis man an dem Parkplatz für LKW nach Maisto abzweigt. Oberhalb des Gehöfts von Cannavale muß man erst rechts, dann links und schließlich wieder rechts zu der Stelle steigen, wo die Wege zum Monte Trippodi und zum Epomeo abzweigen. Wenn man etwas von diesen Pfaden abkommt, steigt man von der Senke oberhalb des Gehöfts durch den Wald bergan und kommt entweder direkt zu der Abzweigung oder etwas weiter rechts und geht dann auf dem Weg vom Monte Trippodi nach links zur Candiana. Der Weg von der Abzweigung zum Epomeo ist oben beschrieben (5).

Man kann auch von Porto aus über Cretaio zunächst auf Weg 9 zum Epomeo wandern, braucht dafür aber etwas mehr Zeit. Auch sollte man diese Route nicht wählen, solange der Maultierpfad oberhalb von Porto noch zugewachsen ist. Auf diesem Weg kommt man dann am Rande des Buceto zu den Kaskaden des meistens trockenen Bachbettes, gelangt von hier links an der Böschung hinauf zum Jetto und sieht bald die leere Steinhütte, von der aus der beschriebene Pfad zum Epomeo führt.

ZWISCHEN CAMPAGNANO UND TESTACCIO

Der bis nahezu 400 m hohe Gebirgszug im Südwesten der Insel ist ein besonders abwechslungsreiches Wandergebiet. Obwohl seine Wege nicht sehr schwierig sind, trifft man auf ihnen nur selten Touristen. Die Steilküste ist dort sehr eindrucksvoll und im späten Frühjahr besonders anmutig. Von Porto sind alle Ausgangspunkte für dieses Gebiet schnell zu erreichen.

15   Molara – Piano Liguori – Campagnano

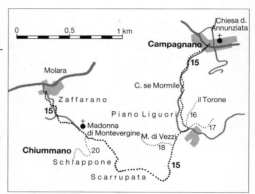

Zunächst leichter Anstieg zu der hübschen Kirche Madonna di Montevergine und danach zur Steilküste Scarrupata. Der Weg von hier hinauf am Abbruch entlang sieht schwerer aus als er ist. Es kommt aber vor, daß jemandem dabei etwas schwindelig wird. *Danach geht man durch Weingärten zu dem kleinen Dorf Piano Liguori und auf einem festen Weg hinab nach Campagnano. Wer den Weg am Abbruch vermeiden möchte, kann die Wanderung mit 18a oder 20 fortsetzen.*

Anfahrt: Busse CD, CS, 5 und 61   **Gehzeit:** 1¾ Stunden

Schon an der Haltestelle in Molara sieht man am Berg die Kirche Madonna di Montevergine in ihren hellen Farben. Hier zweigt auch der Weg zu ihr ab, den man nicht verfehlen kann. Man erreicht sie in einer Viertelstunde. Es lohnt sich, sie zu besichtigen. Wenn sie nicht geöffnet ist, kann man den Schlüssel zu ihr (chiave della chiesa) in der kleinen Straße gegenüber bei einer Frau erhalten. Die Kirche ist auch im Inneren sehr schön renoviert worden.

Anstieg im Hohlweg
von der Scarrupata

Die Namen der Spender aus Nord- und Südamerika sind auf einer Tafel zu sehen. Am 18. September findet in dem kleinen Ort ein Volksfest mit Schwertertänzen aus Buonopane statt.

Durch das Dorf hinauf und an Weingärten vorbei kommt man zur Steilküste. Man steht so plötzlich an ihrem Rande, daß man zunächst etwas Zeit braucht, um die Schönheit dieser Landschaft zu erfassen, besonders wenn Ende Mai oder im Juni hier der Ginster blüht. Nach rechts ist der Weg bald durch Privatgrundstücke versperrt. Links stehen wir bald vor einem Massiv vulkanischen Gesteins. An seinem Rand führt unser Hohlweg hinauf. Ein beachtlicher bergsteigerischer Genuß ohne besondere Schwierigkeiten! Oben steigen wir wieder durch einen Hohlweg etwas hinab zu einer Steinhütte. Bei klarem Wetter kann man von hier Capri besonders gut sehen. Etwas weiter könnte man auf einem Pfad zur Landspitze S. Pancrazio hinabgehen. Davon hat man aber nicht viel. Der Weg dorthin ist mitunter etwas zugewachsen, und von der kleinen Einsiedelei sieht man auch nicht mehr viel.

Oben auf unserem Pfad kommt man landeinwärts zu einem ansteigenden Hohlweg. Hier zweigt auch rechts ein Pfad ab. Man kann aber erkennen, daß es sich nur um einen Zugang zu einem Weinberg handelt. Durch den Hohlweg kommen wir zu einer Kreuzung. Von hier führt rechts ein Weg zu einem Votivkreuz am Rande von Piano Liguori. Wir können nun auf einem ausgebauten Weg nach Campagnano hinabgehen, wenn wir nicht noch unsere Wanderung auf dem folgenden Kammweg fortsetzen wollen.

An der felsigen Steilküste der Scarrupta vorbei blicken wir auf die Halbinsel Pacrazio

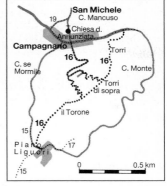

Wanderung zunächst durch Weingärten, dann auf dem Höhenrükken. Auf jeden Fall sollte man wegen der schönen Aussicht auch zum zweiten Turm gehen. Keine besonderen Schwierigkeiten, aber Vorsicht beim Abstieg.

Anfahrt: Bus 8

Gehzeit für evtl. Anstieg von Campagnano: 25 Minuten
für Piano Liguori – Torri – Campagnano: 1 Stunde 10 Minuten

Von dem Votivkreuz geht man auf das Dorf zu, biegt aber schon vor den ersten Häusern links auf den oberen von zwei Pfaden ein. An einem ausgebauten Weinkeller geht man links hinauf zu einem Gehöft in einer Baumgruppe und erreicht dahinter den Pfad auf dem Kamm. Man folgt ihm nach rechts und hat dabei immer wieder einen guten Ausblick zum Epomeo und zum Monte Trippodi. Man hat den Eindruck, daß von dieser Seite aus das Gelände zum Epomeo nur allmählich ansteigt, übersieht aber von hier die Schluchten vor dem Kamm.

Unser Pfad hier oben ist zum Teil sehr stark belaufen, mitunter aber nur wenig. Die Bauern von hier oben steigen nämlich nach Campagnano auf zwei sehr steilen Pfaden ab, deren Einstieg man gut erkennen kann. Rechts sehen wir den ersten Turm, der eigentlich nur wie ein kleines Gebäude aussieht. Nach etwas Gestrüpp am Pfad kommt man zu einem Gehöft. Rechts oberhalb davon kommt man zu dem zweiten Turm, von dem man eine besonders schöne Aussicht hat, weil das Castello unten am Meer dicht vor einem liegt. An dem Gebäude steht eine Leiter. Man sollte aber nicht auf ihr hinaufsteigen, weil sie schon morsch ist. Bald nach dem Gehöft beginnt der Abstieg auf einem an sich gut ausgebauten Weg. Wegen des Gerölls sollte man sich dafür aber Zeit lassen.

85

Bergrücken oberhalb von Campagnano mit M. Vezzi

Zwischen Häusern der Via Torri kommt man zu der Straße, die links zur Kirche von Campagnano führt.

Für Bergwanderer kann es interessant sein, auf einem der beiden direkten Pfade zum Kamm anzusteigen. Man geht auf der Straße rechts vor der Kirche hinauf bis zum Restaurant mit dem vielversprechenden Namen Nascondillo del Amore, Liebesnest. In der Kurve danach beginnt neben einer Wellblechbaracke der Pfad, der zum oberen Turm führt. Man kann auch auf dieser Straße noch bis zu einem Grundstück gehen. Vor dessen Tor steigt man links auf einer Mauer hoch und kommt auf den anderen Pfad, der weiter links zum Kamm führt. Unterwegs sieht man Plätze, auf denen die Jugend der Insel gern an Feiertagen lagert.

Schöner und interessanter Weg. Durch Abrutsch von Erde ist er z.T. so schmal, daß man schwindelfrei sein muß. Ab wechslungsreiche Ausblicke zum Festland und nach Capri.

Anfahrt: Bus 8

Gehzeit: 1½ Stunden

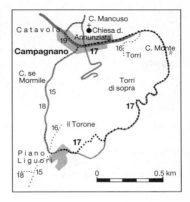

Man beginnt die Wanderung auf der Straße rechts neben der Kirche. Bald danach ist links eine Schlucht mit einem Pfad. Auf Karten ist sie immer noch als Weg zur Carta Romana gezeichnet, trotzdem sie zugewachsen ist. Von unserer Straße zweigt rechts der Weg zu den Torri ab. Links vorbei am Restaurant Aldebaran haben wir immer wieder schöne Ausblicke zum Meer. Die Straße ist dann für Wirtschaftszwecke zementiert. Unten am Meer befindet sich an dem Felsenvorsprung Parata die Grotta del Mago, die mitunter auch Grotta di Terra genannt wird. Man kann sie nur vom Meer aus mit einem Boot besichtigen.

Die etwa 100 m lange Höhle ist aus dem Kamin eines Kraters entstanden, durch den Lava etwa 70 m hoch emporgedrungen ist. Im Kamin hatte sich nach der Lava zunächst weiches Gestein abgesetzt (Latit). Als am Meer der Felsen abbrach, wurde ein Teil des Kamins freigelegt. Die Brandung spülte nun das weiche Gestein raus, so daß ein domartiger Hohlraum entstand. Die folgende Skizze gibt ein anschauliches Bild von der Struktur der Höhle und des Gesteins. Wir verdanken sie Prof. Pichler. Man sollte nicht versuchen, die Höhle von unserem Wege aus zu erreichen, zumal sie bei jeder Bootsrundfahrt um die Insel gezeigt wird.

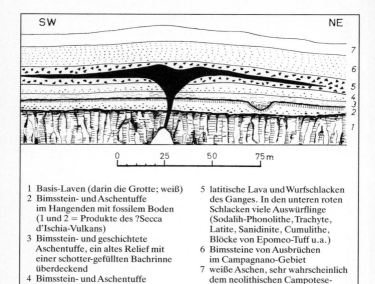

SW   NE

1 Basis-Laven (darin die Grotte; weiß)
2 Bimsstein- und Aschentuffe
   im Hangenden mit fossilem Boden
   (1 und 2 = Produkte des ?Secca
   d'Ischia-Vulkans)
3 Bimsstein- und geschichtete
   Aschentuffe, ein altes Relief mit
   einer schotter-gefüllten Bachrinne
   überdeckend
4 Bimsstein- und Aschentuffe

5 latitische Lava und Wurfschlacken
   des Ganges. In den unteren roten
   Schlacken viele Auswürflinge
   (Sodalih-Phonolithe, Trachyte,
   Latite, Sanidinite, Cumulithe,
   Blöcke von Epomeo-Tuff u.a.)
6 Bimssteine von Ausbrüchen
   im Campagnano-Gebiet
7 weiße Aschen, sehr wahrscheinlich
   dem neolithischen Campotese-
   Ausbruch zugehörig

Der Wirtschaftsweg endet an einem Hang. Vor der letzten Steigung sieht man einen Pfad mit Stufen vor sich. Hier verläßt man die Straße und geht auf einem anderen Pfad etwas links davon weiter. Man kommt nun durch Weingärten. Wenn man hier Einheimische nach unserem Ziel Piano Liguori fragt, sagen sie, daß von hier kein Pfad dorthin führt.

Geht man immer weiter geradeaus, so endet der Pfad zwar in einem Weingarten. Kurz zuvor führt jedoch ein schmaler Hohlweg bergan. Wenn man ihm folgt und oben gleich nach links geht, so sieht man bald die ersten Häuser von Piano Liguori und gelangt auf einem Pfad in einer Schlucht in das Dorf. Man geht in ihr hinauf und kommt schließlich zu dem Votivkreuz.

Das Dorf hat keinen Laden, keine Bar und keine Schule. Wenn man nun auf dem ausgebauten Weg nach Campagnano hinabgeht, so trifft man oft Frauen, die ihre Einkäufe auf dem Kopf nach Hause tragen. Alle erwidern einen Gruß freundlich.

Einfache Wanderung zum höchsten Berg im Südosten (398 m). Bei schöner Aussicht nach drei Seiten kann man geeignete Plätze zum Picknick finden.

Anfahrt: Bus 8

Gehzeit: 1¾ Stunden

Man geht von Campagnano hinauf bis zum Votivkreuz vor Piano Liguori und von dort nach rechts in dem Hohlweg über die Kreuzung hinaus. Danach kann man ohne Schwierigkeiten zum höchsten Punkt des Berges gelangen. An Feiertagen lagern hier gern Einheimische.

Wenn man nicht nach Campagnano zurückgehen, sondern weiterwandern will, biegt man auf dem Rückweg an der Kreuzung rechts ab und gelangt an die Steilküste und über Madonna di Montevergine nach Molara.

Auf einer Inselrundfahrt kann ein Micro-Taxi bis 5 Personen befördern

18a

Molara – Madonna Montevergine – Nordhang M. Vezzi – Pilastri

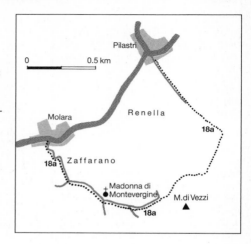

Leichter Weg bis an den M. Vezzi. Danach ein schöner Waldpfad am Nordhang des Berges. Kein Spaziergang, aber für erfahrene Wanderer ohne Schwierigkeiten.

Gehzeit: 1 1/2 Std

Anfahrt:
Busse CS CD 5 6

Man geht wie bei der Wanderung 15 zunächst von Molara über Madonna Montevergine hinaus. Wo der Weg zur Steilküste etwas rechts abzweigt, geht man links durch eine kleine Senke auf den Monte Vezzi zu. Vor dem Berg wird der Weg durch die Weingärten schmaler und geht in einen Pfad über. Er ist fast ganz frei von Gestrüpp, weil er für die Einheimischen der kürzeste Fußweg nach Ischia ist, wie sie sagen. Im schattigen Wald zweigen einige Pfade nach links ab. Man bleibt aber am Hang, bis in einem etwas tieferen Einschnitt ein Weg zu Gehöften führt. Von dort kommt man auf einer Straße in 10 Minuten nach Pilastri am Rande von Porto. Dort halten viele Busse.

Man sollte die Wanderung wegen des Schattens möglichst vormittags unternehmen, auch nicht in umgekehrter Richtung von Pilastri aus, weil man auf der Straße besser etwas bergab geht.

Auch für Spaziergänger geeigneter Weg zunächst auf Straße, dann aber durch den großen Pinienpark bis mitten in die Stadt.

Anfahrt: Bus 8

Gehzeit: 50 Minuten

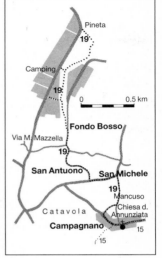

Manche Wanderer, die aus den Bergen zum Piano Liguori kommen, möchten auch noch das letzte Stück zu ihrem Hotel zu Fuß gehen. Andere Gäste, die mit dem Bus nach Campagnano gekommen sind und auf der schönen Terrasse des Baracuda gesessen haben, sehen Porto vor sich und möchten dorthin einen Spaziergang machen. Das ist gut möglich.

Man kann an sich schon direkt naben der Kirche in dieser Richtung auf einem Steg mit Stufen hinabsteigen. Sie sind aber oft schlüpfrig. Deswegen geht man besser zunächst ein kurzes Stück in Richtung der Buslinie und dann bald rechts etwas abwärts auf das Castello zu. Dieser Weg führt uns zum Rande von S. Michele (mit weißem Ortsschild). Hier biegt man auf der Hauptstraße nach links ein. Nach etwa 250 m geht man rechts auf der neuen Via Monte Tignuso etwas abwärts, bis uns links eine kleine Treppe durch ein kurzes Stück des alten Weges zur Via Leonardo Mazzella führt. Auf ihr geht man rechts an einer neuen Halle vorbei zu dem Pininenpark. Von einem Pfad, beinahe parallel zur Straße, kann man links zum Hotel Continental gelangen. Geht man auf dem Pfad immer etwa geradeaus, so kommt man zur Piazza d'Eroi.

Eine leichte Wanderung durch Weinberge und etwas Wald. Sie ist auch für Spaziergänger geeignet, für die auch 2 Variationen interessant sind.

Anfahrt: Busse CD, CS, 5 und 6

Gehzeit: ¾ Stunde, für Variationen zur Steilküste und zum Monte Barano zusätzlich je ½ Stunde

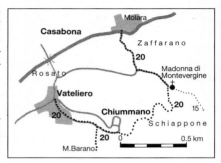

Von Molara kommt man wie bei Weg 15 beschrieben in einer Viertelstunde hinauf zur Kirche. Gegenüber von ihr geht man in einer kleinen Straße mit einigen Stufen etwas bergan, zweigt aber bald von ihr auf einen Pfad an Weingärten rechts ab. Durch ein kleines Tal und etwas Wald kommt man wieder zu Weingärten und an ihnen entlang nach Chiummano.

Im Ort führt ein Weg links hinauf zum Monte Barano (264 m). Das Tor an der Abzweigung ist fast immer offen. Einige Anlieger haben jedoch auch oben ein Tor errichtet, das besonders an Feiertagen oft geschlossen ist. Manche Leute gehen aber hier trotzdem das kurze Stück zum Gipfel weiter. Man hat dort oben an der Steilküste einen herrlichen Ausblick, u.a. auch zu dem Weg am Abbruch nach Piano Liguori. Rechts sieht man auf einem Berg, der etwas niedriger ist, die Guardola. Sie war früher ein befestigter Beobachtungspunkt. Vom Monte Barano aus führen dorthin und auch nach links keine Pfade an der Küste entlang, so daß man wieder ins Dorf hinabgehen muß.

Von dort gelangt man bald nach Vatiliero mit einer Haltestelle. Man kann von hier auch in wenigen Minuten die Haltestelle in Casabona-Piedimonte erreichen, wo viele Busse halten. Nur muß man darauf achten, daß diese Linien im Einbahnverkehr durch den Ort fahren und deswegen die Haltestellen in der anderen Richtung nicht gegenüber sind.

Testaccio – Monte Cotto – Testaccio
La Guardiola

Wer auf der Fahrt von Maronti nach Barano noch etwas Zeit hat, sollte in Testaccio unterbrechen und auf einer Kurzwanderung den Ausblick vom Monte Cotto über den Strand hinweg nach S. Angelo genießen. Für Fotofreunde ist das besonders interessant.

Anfahrt: Bus 5

Gehzeit für den Anstieg: 15 Minuten

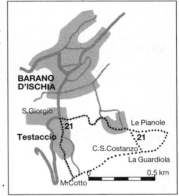

In Testaccio geht man von Maronti aus gesehen rechts bergan und vor einer alten Kirche rechts in die Straße. Von ihr führt bald links der Weg hinauf zum Monte Cotto. Von der Plattform am Gipfel kommt man rechts zum Aussichtspunkt über den Marontistrand.

Wenn man wieder zur Plattform gelangt, sieht man die Guardiola an der Küste vor sich liegen. Es führen auch Pfade durch die Weinberge in dieser Richtung, und es ist möglich, auf ihnen zur Guardiola zu gelangen. Man sollte das aber nicht versuchen, weil man mit Privateigentümern Ärger bekommen kann und an einer Stelle die Gefahr besteht, abzurutschen. Wer die Guardiola besichtigen will, kann sie auf einer kleinen Rundwanderung von le Pianole aus erreichen.

22   Buonopane – Piano di S. Paolo – Casamicciola Bagni. Monte Trippodi

Man überquert auf dieser nicht schwierigen Wanderung die Insel über den Paß des Piano di S. Paolo (467 m) und muß dann in dem durch Brände und Erdarbeiten etwas zerstörten Gelände auf die Orientierung achten, weil mitunter neue Pfade gelaufen werden. Für den Monte Trippodi sollte man sich etwas Zeit nehmen.

Anfahrt: Busse CD und CS

Gehzeit: 2½ Stunden. Anstieg zum Monte Trippodi 10 Minuten

In Buonopane geht man wie bei der Wanderung 5 beschrieben an der Kirche vorbei die Via Candiana hinauf und oben an der Abzweigung zum Epomeo nach rechts.

Auf dem Weg durch den Wald kommt man am Monte Trippodi entlang und kann schräg rechts zu ihm hinaufgehen. Wir kommen jedoch nicht auf einen Gipfel, sondern zu einem langen Bergrücken (502 m), der aus kiesigem Gestein besteht. Man hat hier auch keine freie Sicht und muß zwischen Bäumen und Sträuchern zu den einzelnen Aussichtspunkten gehen. Das Gelände hat hier seinen besonderen Reiz und ist für Ausflüge beliebt.

Man geht auf dem gleichen Weg wieder hinab und rechts zu der kleinen Hochebene des Piano di S. Paolo. An zwei gemauerten quadratischen Brunnen vorbei, an denen man nicht trinken kann, gelangt man zu dem trockenen Bachbett mit den Kaskaden. Dort geht man hinter der Schlucht rechts wie nach Cretaio an einer Böschung entlang und kommt dann links durch eine bewaldete Schlucht zu dem hellen flachen Gebäude. Links von ihm führt unser Pfad über kleine Felder etwas bergan.

Wir müssen darauf achten, daß wir nicht zu weit nach rechts kommen, und gehen an einem kleinen Gebäude nach links. Vor dem Abgrund führt ein Pfad nach rechts zu einem verlassenen, kleinen Berghof, der schon stark mit Ranken überwachsen ist. Man sieht aber noch einige Obstbäume. Von hier führt links ein Pfad durch die Weinberge hinab zu einer zementierten Straße. Auf ihr kommen wir zur Via Ombrasco in Bagni direkt neben der Terme Manzi. Daneben ist eine Haltestelle der Buslinie 3.

| 23 | **Barano – Testaccio – Maronti** |

Der Weg war die alte Verbindung von Barano zum Meer, bevor die Straße ausgebaut wurde. Er ist gut passierbar. Von Maronti aus kann man auf ihm zunächst bis Testaccio und dann weiter zum Monte Cotto wandern.

Gehzeit: 35 Minuten

Busse CD CS

Wenn man auf der Hauptstraße von Porto nach Barano kommt, ist auf der linken Seite vor der Piazza eine kleine Kirche. Kurz vor ihr führt eine Treppe hinab nach Testaccio. Man geht auf der Straße ein kurzes Stück bis zur Piazza. Dort zweigt rechts der alte Weg zum Strand ab. Er ist durch ein Schild als Wanderweg nach Maronti bezeichnet. Man erreicht Maronti an der westlichen Seite des Halteplatzes der Busse.

Ein sehr schöner Abstieg führte früher von Barano/La Valle zum Meer. Der Weg ist noch über Terzano hinaus in gutem Zustand. Danach ist er aber so zugewachsen, daß er nicht mehr passierbar ist.

*Eine abwechslungs-
reiche Wanderung,
für die man sich Zeit
lassen soll. Die Halb-
insel Roja, die Steil-
küste und die engen
Schluchten la-
den immer wieder
ein, sich bei einer
kleinen Rast über
die schöne Land-
schaft zu freuen.
Man muß unbedingt
Schuhe mit Profil-
sohlen anziehen und
die Wanderung we-
gen des Rutschkieses
nur in der vorge-
schlagenen Richtung
durchführen.*

Anfahrt: Busse CD, CS und 1   **Gehzeit:** 2 Stunden

Man geht in S. Angelo links am Hotel Apollon vorbei bergan entsprechend der Markierung nach der Cava Scura und sollte nicht
versuchen, diese Strecke am Strand hindurchzukommen, weil die
Brandung viel Sand weggespült hat und oft die Felsen erreicht.

   In der Cava Scura sieht man links am Felsen das Lokal Petrello.
Gleich danach steigt man an sich für unsere Tour bergan. Wenn
wir etwas Zeit haben, sollten wir jedoch noch weiter in der
Schlucht zu dem alten Thermalbad gehen, das schon von den
Römern gern aufgesucht wurde. Man kann hier nicht nur etwas
gegen seine Leiden tun. Bei den Damen sind auch die Fango-
Gesichtspackungen beliebt. Diese Kosmetik scheint erfolgreich
zu sein; denn es geht hier immer beschaulich vergnügt zu, und
alles sieht schöner aus.

In der Cava Scura kann man Thermal-
und Schlammbäder benutzen,
in denen sich schon Römer wohlfühlten.

Wir steigen nun unseren Pfad beim Petrello hinauf und werden
bergan mit dem Rutschkies gut fertig. Man kommt durch schöne
Schluchten und Hohlwege. Ein Bauer schenkt Wein aus. Schließlich gelangt man zu den ersten Häusern von Serrara.

Hier zweigt nach links der alte Verbindungsweg nach S. Angelo,
die Via Cugnoluongo, ab. Auf ihm kommt man verhältnismäßig
leicht hinab zum Hotel S. Michele.

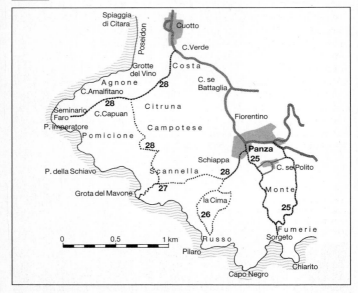

Kurzwanderung zur Thermal-Badebucht Sorgeto, wo man auch einen ganzen geruhsamen und abwechslungsreichen Tag verbringen kann.

Anfahrt: Busse 1, CS und CD

Gehzeit für Hin- und Rückweg: je 25 Minuten

Man geht in Panza von der Piazza auf das Meer zu und entsprechend einem Schild links abwärts bis zur Treppe von Sorgeto. Hier liegt in einer herrlichen Felsenbucht das schlichte Freibad mit seinen Thermalquellen.

In einem einfachen Gebäude kann man einen Sonnenschirm, eine Liege und etwas zum Essen und Trinken erhalten. An dem felsigen Strand tastet man sich vorsichtig an die heißen Quellen heran, die besonders bei Asthma gut wirken sollen. Da es reizvoll

98

ist, etwas an der Felsenbucht zu klettern, sollte man sich Turnschuhe mitbringen. Trotz des Protestes von Einheimischen und Gästen soll Sorgeto ausgebaut und modernisiert werden. Ob dann die geruhsame Atmosphäre erhalten bleibt, ist fraglich.

An der Treppe zum Strand befindet sich ein Parkplatz, so daß man sich von Panza evtl. mit einem Microtaxi dorthin fahren und zu einer bestimmten Zeit wieder abholen lassen kann.

Wer wandert, sollte zurück einen anderen Weg wählen. Man steigt unterhalb des Parkplatzes rechts auf einem Pfad an der Böschung zu einem Feldweg hinab. Auf ihm kommt man immer leicht ansteigend an dem Case Polito vorbei zur Straße S. Angelo Panza. Kurz unterhalb der Einmündung unseres Weges ist eine Haltestelle der gleichen Busse wie in Panza. Wenn man etwas warten muß, kann man auf der blau gekachelten Bank vor einer Apotheke im Schatten ausruhen.

An den Thermalquellen
in der Felsenbucht von Sorgeto
kann man in schlichter Umgebung
einen erholsamen Tag verbringen

Kurzwanderung zu einem Aussichtspunkt (195 m) am Meer.

Anfahrt: Busse 1, CD und CS

Gehzeit für den Anstieg: 15 Minuten

Von der Piazza geht man auf das Meer zu zum Friedhof, dort rechts an der Mauer entlang und dann in kleinen Windungen im Wald hinauf zur la Cima. Oben kommt man rechts an einem halbfertigen Gebäude vorbei zum Aussichtspunkt. Rechts sieht man in der ersten Bucht neben einem kleinen Lokal etwas oberhalb des Strandes die Eingänge zur Grotta del Mavone.

Zurück geht man auf dem Bergrücken auf einem befahrbaren Weg zunächst geradeaus und hat einen guten Ausblick auf die Pietra dell'Acqua und die Bocca di Serra. Unterhalb davon sieht man einige Strecken der Via Panoramica.

Der Weg ist dann gesperrt. Man geht deswegen an der Rückseite des Friedhofs entlang und kommt über den Pfad an der anderen Seite wieder nach Panza.

Den Aussichtspunkt La Cima bei Panza kann man schnell erreichen. Im Hintergrund erkennt man Capri

27 Die Grotta del Mavone

Skizze → Seite 98

Unter dem Hotel S. Leonard am Rande von Panza befindet sich das interessanteste Höhlensystem der Insel. Man bezeichnet es als Grotta del Mavone, die Höhle des mysteriösen Seeräubers.
Auch nimmt man wohl mit Recht an, daß hier Einwohner des nicht befestigten Panza Zuflucht suchten, wenn sarazenische Piraten nahten.

Die drei Eingänge der Höhlen an der Felswand etwa 30 m über dem Meer waren schwer zugänglich. Mitunter versteckten Schmuggler hier ihre Waren. Vor einigen Jahren entstand darüber oben an der Steilküste das Hotel S. Leonard. Der Eigentümer des Geländes um die Höhlen baute direkt neben den Eingängen ein Lokal, zu dem vom Hotel eine Treppe hinabführt. Zur Zeit wird die Höhle kaum begangen. Es wäre auch gut, wenn sie gesperrt werden würde, bis sie erforscht ist. Dann könnten hier interessante kleine Exkursionen unter fachkundiger Führung stattfinden. Folgendes konnte ich schon feststellen:

Wenn man vor den Eingängen steht, fällt auf, daß sie direkt unter einer Lavaschicht in den Berg führen. Sie kommt von dem Krater Campotese. Wahrscheinlich ist das Höhlensystem dadurch entstanden, daß bei Erdbeben das spröde, weiche Gestein gerissen ist und die feste Lavaschicht darüber erhalten blieb. Auch Prof. Pichler hält das für möglich.

Durch die Eingänge kommt man in zwei große Höhlen, die miteinander verbunden sind. Die rechte erhält von außen Licht. Der staubige Boden steigt etwa 15° bis 20° an. Das entspricht dem Gefälle der Lavaschicht.

Von den Höhlen führen drei etwa mannshohe Gänge mit ähnlicher Steigung in den Berg. Man kann erkennen, daß sie von Menschenhand ausgebaut sind. Von der linken Höhle führt ein Gang geradeaus. Nach einer kurzen Strecke zweigt ein zweiter von ihm links ab. Zu dem dritten Gang gelangt man zunächst etwas gebückt von der rechten Höhle aus. Die Temperatur steigt besonders in den linken Höhlen stark an. Sie erhöht sich bei einer Entfernung von 40 m von 26° auf 30°.

Rechts neben dem kleinen Lokal am Meer
sieht man drei Eingänge zu dem mysteriösen
Höhlensystem der Grotta del Mavone

Wer die trockene, heiße Luft nicht verträgt, sollte sofort um-
kehren. Wenn man zurück abwärts geht, merkt man geradezu
schlagartig, wie man in kühlere frische Luft kommt. In dem Gang
von der rechten Höhle aus ist die Luft nicht so heiß. Wahrscheinlich besteht dort eine Ventilation durch Risse im Berg. Es wäre
interessant festzustellen, ob die trockene, warme Luft nicht ebenso
wie die Thermalquellen und der vulkanisch heiße Sand auch eine
heilende Wirkung auf den Körper ausüben kann.

Der eine Gang soll etwa 1000 m weit bis zur Punta Imperatore führen. Zwei Einheimische berichteten unabhängig voneinander, daß sie vor einigen Jahren zu verschiedenen Zeiten von den Höhlen dorthin gelangt sind. Jetzt enden die Gänge allerdings nach etwa 40, 100 bzw. 80 m. Sie sind dann eingestürzt oder zugeschüttet worden. Auch soll ein Gang als Fluchtweg bis nach Panza geführt haben.

In den Gängen sind viele Fledermäuse. Man sieht sie auch an der Decke hängen. Um sie möglichst wenig zu stören, sollte man fast nur nach unten leuchten. Sie berühren einen im Vorbeifliegen nur sehr selten und sind nicht aggressiv.

Kohlendioxyd, dessen Vorhandensein man mit einem Licht überprüfen kann, dürfte kaum vorhanden sein, weil die Gänge zum Meer hin abfallen und bei diesem Gas wie ein Kamin wirken würden. Im mittleren Gang gibt es allerdings eine kellerartige Höhle auf der rechten Seite.

Man kann sich vorstellen, daß der Seeräuber Mavone hier oft und gern mit seinen Kumpanen gehaust hat. In den großen Höhlen, in Gängen und in Nebenräumen können sehr viele Menschen untergebracht werden. Bei den verschiedenen Temperaturen an den einzelnen Stellen kann jeder genügend Wärme finden. Wasser fehlt zwar in der Grotte. Aber ein erfahrener Seemann hat immer gewußt, wie man sich genügend Vorräte davon anlegt.

Nicht schwierige Wanderung mit nur 50 m Höhenunterschied, allerdings ohne Schatten. Sehr schön ist der Sonnenuntergang an der Punta Imperatore, evtl. mit anschließendem Nachtmahl bei Leopoldo.

Hin- und Rückfahrt: Busse 1, CD und CS
Gehzeit: 1¾ Stunden

Die Punta Imperatore ist einer der markantesten Punkte der Insel. Sie hat ihren Namen zu Recht – ein kaiserlicher Aussichtspunkt. Wenn man die Poseidon-Gärten noch nicht von oben gesehen hat, sollte man die Wanderung schon bei dem Lokal Belvedere, Bushaltestelle Cuotto, beginnen, um von der Terrasse auf die Citarabucht hinabzusehen.

Sonst sagt man dem Busfahrer „Punta Imperatore!" und steigt eine Haltestelle oberhalb aus. Auf einem gut ausgebauten Weg kommt man in einer halben Stunde zum Gipfel. Man sollte es nicht versäumen, unterwegs an markanten Stellen auf die felsige Küste und das Meer zu sehen.

Das Gebäude vor der Höhe ist meistens verschlossen, da es zum Militärgelände gehört. Man kann links daran vorbeigehen. Oben sollte man sich Zeit für die Aussicht nehmen. Ein Pfad führt hinab zum Leuchtturm, den man jedoch nicht besichtigen kann.

Soll man nun wie die meisten Touristen den gleichen Weg zurückgehen? Man kann einen schönen Spaziergang durch die Weinberge nach Panza anschließen. Zunächst geht man ein Stück zurück bis zu den beiden Lokalen, an denen der Weg nach Panza rechts abzweigt. An der nächsten Wegegabel wandert man nach rechts und bleibt dann am Meer, ohne in eine der Schluchten hinabzugehen. Diese Wirtschaftswege sind so gut ausgebaut, daß man evtl. das letzte Stück in der Dämmerung gehen kann.

Wenn man dann bei Leopoldo oder in einem der anderen Lokale am Wege einkehrt und von der Terrasse aufs Meer sieht, kann man auch an den Seeräuber Mavone denken, der dort unten in einer Höhle gehaust hat.

Schöner Wanderweg ohne besondere Schwierigkeiten. Belvedere dei Frassitelli mit seinen Steinsitzen sollte man Rast machen. Der Weg am Hang von dort zu S. Maria del Monte ist wieder in Ordnung.

Anfahrt: Busse CD und CS

Gehzeit: 1 Stunde 20 Minuten

Der erste Teil der Wanderung auf der Via Panoramica ist unter 3 beschrieben. Am Akazienwald geht man jedoch nicht geradeaus, sondern nach links auf den Felsvorsprung Belvedere dei Frassitelli mit seinen Steinsitzen zu. Rechts am Hang entlang führt von hier der wieder gut ausgebaute Pfad weiter. Auf ihm kommt man am Rande eines Kastanienwaldes zu S. Maria del Monte.

Unterhalb unseres Weges liegt der mit einer hohen Pinie weithin sichtbare Bauernhof Coppà. Auch weist von unserem Pfad ein Schild „Forio" darauf hin. Wer ein schlichtes Mal in ländlicher Umgebung schätzt, sollte hier einkehren. Der Weg in umgekehrter Richtung nach Serrara ist leicht zu finden. Man muß nur darauf achten, daß man oberhalb der Kirche nicht in den Kastanienwald hineinläuft, sondern rechts abbiegt.

30 S. Maria del Monte – Ciglio

Alternative zum Weg auf der Via Panoramica.

Gehzeit: 50 Minuten

Abfahrt: Busse CD und CS

Man geht von S. Maria del Monte zum Belvedere dei Frassitelli. Dort zweigt der Weg nach rechts unten ab. Er führt an einem auffallenden Gewölbeeingang vorbei, der mit Steinquadern eingefaßt ist.

Man bleibt unterhalb der Via Panoramica und kommt auf einem z.T. steilen Maultierpfad zu den Weinbergen des Monte Corvo. Ciglio erreicht man an der Bushaltestelle.

Der Weg ist nicht so interessant wie die Via Panoramica. Umgekehrt sollte man ihn nur gehen, wenn man schon einmal auf ihm abgestiegen ist. Ausgangspunkt dafür ist eine kleine, halbhohe Mauer an der Bushaltestelle Ciglio. Hinter ihr führt der Pfad für den Anstieg zunächst einige Meter parallel zur Straße.

31 Forio/Capiazzo – San Domenico – S. Maria del Monte

Zur Zeit der beste Anstieg von Forio aus.
Steil nur die letzten 10 Minuten.

Anfahrt: Busse 1, CD und CS   **Gehzeit:** 1¼ Stunden

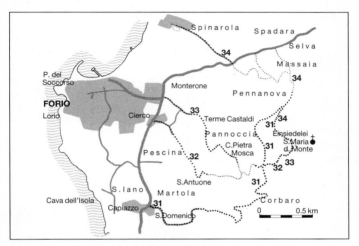

Wir beginnen den Anstieg in Capiazzo am Hotel Villa Angela, wo auffallende Schilder nach Bella Vista hinweisen. Man geht an der Kirche San Domenico vorbei in einigen Windungen auf den Berg zu und bleibt am rechten Hang eines Einschnittes, bis der Weg durch ihn hinab und dann wieder aufwärts führt.

Vor uns erblicken wir am Berg ein großes Fumarolenfeld, das man auch von Forio aus an seiner braunen Farbe erkennt. Manchmal sieht man dort Rauch.

Links führt dann unser Weg im spitzen Winkel zunächst beinahe zurück bergan. Wenig ansteigend sehen wir dann links einen großen Felsblock, der fast senkrecht gespalten ist. Man kommt dann zu dem sehr steilen Weg, der von Forio über San Antuono hinaufführt. Für das letzte etwas schwierige Stück zu S. Maria del Monte sollte man sich Zeit lassen.

107

Den Abstieg kann man sich auf einem kleinen Umweg etwas einfacher machen. Man geht oberhalb der Kirche auf einem Wirtschaftsweg nach links, bis ein Pfad und dann auch gleich ein Weg nach unten abzweigen. Man kommt nun bald wieder links auf einem Weg dorthin, wo der Pfad über San Antuono steil nach unten führt. Hier zweigt unser Weg über San Domenico ab. Wer nicht ganz sicher geht, sollte diesen Umweg wählen.

32 Forio/Cierco – San Antuono – S. Maria del Monte

Skizze → Seite 107

Leider ist dieser nur noch schwer passierbare alte Wallfahrtsweg auf den Landkarten immer noch als Wanderweg eingezeichnet. Ohnehin recht steil, ist er durch Regengüsse ausgespült. Wenn überhaupt, sollte man ihn nur für den Anstieg wählen, zumal auch Reisig und Geröll angeschwemmt sind. Es ist zu hoffen, daß dieser Weg an San Antuono vorbei wieder instandgesetzt wird.

Anfahrt: Busse 1, CD und CS
Gehzeit: jetzt mindestens 1 Stunde

Beim Anstieg Terme Castaldi sieht man von der Casa Pietra Mosca zunächst nur ein Fenster in einem Felsen

33 Forio/Terme Castaldi – S. Maria del Monte

Auch dieser an sich schönste Anstieg von Forio aus ist z. Z. nicht zu empfehlen, weil seine letzte Strecke auf dem kaum passierbaren Weg von San Antuono zurückzulegen ist. Man kann auch für ihn nur hoffen, daß dieser Weg wieder instandgesetzt wird.

Anfahrt: Busse 1, CD und CS; Haltestelle Ecke Via Castellaccio/Strada Borbonica
Gehzeit: zur Zeit ungewiß

34 S. Maria del Monte – Forio/Spinosante

Nach Auskunft von Einheimischen ist von S. Antuono bis Fango keiner der Pfade von S. Maria del Monte zum Meer passierbar. Das mag zur Zeit zutreffen. Auch wird der Weg über S. Antuono vorläufig wohl kaum instandgesetzt werden. Es gibt aber Pfade hinab zum Sportplatz in dem Ortsteil Spinosante. Man ist auf einigen Stellen von ihnen durch Gestrüpp stark behindert. Sie könnten jedoch leicht frei gemacht werden.

Man geht zunächst auf dem Weg hinter der Kirche links am Hang entlang, auf einem Pfad fast geradeaus abwärts und kommt an Fumarolen vorbei zu einer verlassenen Hütte mit Steinbank. Nach einigen Schwierigkeiten kann man zur Strada Borbonica gelangen. Sie führt links nach Forio hinein. Geradeaus abwärts kommt man zum Sportplatz Spinosante. Der Weg ist zur Zeit nicht zu empfehlen.

S. Maria del Monte – Casamicciola (Maio)

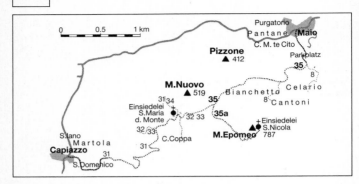

*Waldweg ohne viel Abwechslung in halber Höhe am Nordhang.
Die Orientierung ist nicht ganz einfach.*

Gehzeit: 1¾ Stunden   **Abfahrt** Maio: Bus 3

Als ich einmal einem Weinbauern bei S. Maria sagte, daß ich nach
Maio weitergehen wollte, riet er mir dringend davon ab und sagte
mehrmals „Via dura!" Der Weg ist kein Spaziergang, aber durchaus zu schaffen. Man muß besonders darauf achten, daß man
nicht vorzeitig nach links absteigt.

Oberhalb der Kirche geht man bergan. Der Weg ist zunächst
gut zu erkennen, weil man auf ihm von Forio zum Epomeo
kommt. Nach etwa 20 Minuten kommt man zu Steinen, an denen
Hinweise rechts zum Epomeo zeigen. Links erhebt sich der
Monte Nuovo, der seinen Namen zu Recht hat, weil er geologisch
der jüngste von allen Bergen ist. Danach kommt rechts von oben
ein Weg von dem Capo dell'Uomo und von der Radarstation. Der
Abstieg von hier links nach Fango ist schwierig.

An einem meistens trockenen Bachbett gabelt sich der Weg.
Links kommt man weiter am Hang entlang nach Fango. Wir gehen
nach rechts auf einem Pfad zu einer frei stehenden Hütte mit zwei
Eichen. Von hier ist es nicht mehr weit bis zu dem Weg von Maio
zum Epomeo. Auf ihm gelangen wir dann am Wald entlang über
den großen Parkplatz zur Piazza.

35a Forio – Epomeo

Man beginnt die Wanderung mit dem Anstieg nach S. Maria del Monte über S. Domenico (Weg 31), geht auf Weg 34 weiter und dann bei den markierten Stellen nach rechts. Danach erreicht man den steilen Anstieg des Weges 3 von Serrara und gelangt auf ihm zum Epomeo.

Anfahrt: Busse 1, CD und CS
Gehzeit: 2½ Stunden

Die Landschaft der Wanderung von
S. Francesco zur Montanobucht kann man
vom Epomeo aus gut überblicken

Leichte, abwechslungsreiche Wanderung, auch für Spaziergänger geeignet. Für sie ist auch die Variation zum Monte Caruso möglich, während die zweite Variation zu la Guardiola hinauf nur für erfahrene Wanderer vorgesehen ist. Man sollte sich für diese Wanderung Zeit nehmen und

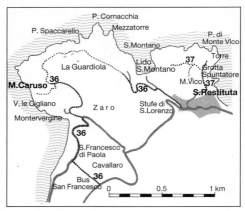

evtl. in Lacco Ameno das Museum besuchen.

An- und Rückfahrt: Busse 1, CD und CS
Gehzeit: 1¾ Stunden; für Variation Caruso ½ Stunde, la Guardiola 40 Minuten

Wer mit dem Bus von Porto kommt, darf sich nicht dadurch beirren lassen, daß bereits auf dem Berg nach Lacco Ameno ein Hinweisschild „Francesco" zu sehen ist. Man fährt hinab an den Rand von Forio und steigt an der Haltestelle S. Francesco aus. Von der Dorfstraße zum Meer zweigt links eine kleine Straße ab, die am Strand entlang zum Hafen von Forio führt. Wir bleiben aber auf der Dorfstraße und gelangen auf ihr zur Francescobucht, die wegen ihres guten Strandes, umrahmt von hohen Felsen, zu den schönen Plätzen der Insel gehört. Deswegen ist es auch nicht überraschend, daß die darüber liegenden Villen am Monte Caruso z.T. Eigentümer mit sehr bekannten Namen haben.

Vom Strand aus geht man die Straße den Berg hinauf durch den Torbogen des Klostergeländes. Am Wegrand sieht man kleine, silbergraue Kapernsträucher. Anfang Juni werden ihre Knospen für das bekannte Gewürz gesammelt. Sehr bald öffnen sich dann ihre schönen weiß-rosa Blüten mit rot-violetten Staubgefäßen.

Die Francescobucht an der Punta Caruso
ist ein beliebter Badestrand

Über der Bucht kommt man zu dem Aussichtspunkt Cigliano
mit Steinbänken. Hier sollte man nicht vorbeigehen, auch wenn
man schon dort war. Man hat nicht nur einen schönen Blick über
die Francescobucht. Es ist geradezu ein zusätzliches Geschenk,
daß man von der Mauer auf einen der schönsten Kakteengärten
hinabsehen kann, den es überhaupt gibt, den Giardino Essotico.
Spaziergänger, die hier rasten, sind aufgeschlossen und in gehobe-
ner Stimmung. Selbst eilige Touristen, die nur schnell einmal aus
dem Auto steigen wollen, bleiben länger als sie es vorhatten.

Die Straße führt durch dicht bewachsenen Wald mit vielen hohen Pinien bis wieder zum Meer. Vorher kann man links an einem
Verbotsschild vorbei zu den Villen des Monte Caruso hinaufgehen. An dieser Straße kann man rechts an den großen Steinen
mitunter die scheuen Mauergekkos beobachten. Sie haben sich
mit ihrer schwarz-braunen Farbe und hellgrauen Punkten so an
die Umgebung angepaßt, daß man sie nur schwer erkennen kann.

Von der alten Geschützstellung
sieht man hinab zur Punta Caruso

Unsere Straße am Meer ist dann nur noch eine Zufahrt für einzelne Häuser. Schließlich ist sie für Fahrzeuge ganz gesperrt. Der Weg führt weiter durch Wald. Auf der rechten Seite kurz hinter einem Elektrodoppelmast sieht man einen Pfad zwischen Steinmauern mit Stufen. Wer einen mitunter etwas zugewachsenen Weg nicht scheut und einen interessanten Aussichtspunkt kennenlernen will, sollte hier hinaufsteigen. Man kommt zu la Guardiola, wo sich auf zwei Bergspitzen alte Artilleriestellungen befinden. Natürlich hat man sich dafür Plätze ausgesucht, von denen man die gesamte Umgebung am besten überschauen kann.

Auf dem Pfad geht man nach der Mauer rechts im spitzen Winkel etwas zurück und dann auf meistens ausgetretenem Weg bergan. Auf der Höhe kommt man zunächst zu einer verfallenen Unterkunft, an der man rechts vorbei und dann gleich links das letzte Stück bergauf geht. Etwas oberhalb von einem Kommandoturm liegt die größere der Artilleriestellungen mit einer niedrigen

114

Schutzmauer. Die wunderschöne, friedliche Landschaft läßt einen vergessen, welche ernste Zeiten Menschen hier oben erlebt haben. Den Aufstieg zu la Guardiola sollte man nur unternehmen, wenn man dafür genügend Zeit hat.

Unten auf dem Waldweg geht man weiter bis zu einer Sperrmauer. Sie hindert Autofahrer an der Fahrt durch das Waldgebiet. Danach kommt man auf einer Straße an die Montanobucht, hinter der sich die Felsen des Monte Vico erheben. Die Badeanlagen an der Bucht werden in der warmen Jahreszeit viel besucht. Wir gehen dann auf unserer Straße landeinwärts. Etwas links unterhalb befindet sich ein altes griechisches Gräberfeld, auf dem mitunter Ausgrabungen durchgeführt werden. Wir kommmen durch ein Tor und können uns hier entscheiden, ob wir ein kurzes Stück geradeaus zu einer Bushaltestelle oder nach links zur Piazza von Lacco Ameno gehen wollen, wo sich uns genügend Lokale für eine Rast anbieten.

37	**Der Monte Vico**
	Skizze → Seite 112

Wer archäologisch interessiert ist, wird von Lacco Ameno auf den Monte Vico gehen, weil dort eine der ersten griechischen Siedlungen war. Die Umrisse der Akropolis kann man auf der Höhe noch gut erkennen. Allerdings kann nur ein Fachmann feststellen, welche Mauern oder Teile davon aus griechischer Zeit stammen oder später hinzugefügt worden sind.

Man kommt am besten zu dieser Stätte, wenn man oben durch den Torbogen des Montanohotels geht und dann in der ersten Kurve rechts zwischen den Weingärten entlang läuft. Das Plateau des Berges ist nicht nur wegen der Mauerreste interessant. Man hat dort einen schönen Ausblick auf die Montanobucht und die weitere Umgebung.

Auf der Seite zum Hafen hin befindet sich ein typisch italienischer Friedhof mit altem spanischen Festungsturm. Auf dem Rückweg braucht man nicht viel Zeit, um auch dorthin zu gehen.

Gehzeit für den An- und Abstieg: 40 Minuten

<table>
<tr><td>

38

</td><td>

Maio – Campomanno – Evaniello – Bagni – Maio, Fumarole

</td></tr>
</table>

Ein nicht sehr anstrengender, abwechslungsreicher Rundweg durch die Weinberge von Capomanno und den Kastanienwald von Evaniello. Die Orientierung zwischen beiden ist nicht einfach. Von Maio aus ist die Besichtigung einer Fumarole möglich. Der Weg kann abgekürzt werden, weil der Bus in Bagni und Maio hält.

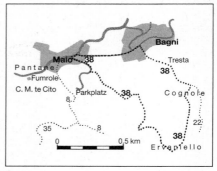

An- und Abfahrt: Bus 3

Gehzeit: 2 Stunden

In Maio geht man von der Piazza zunächst ein kurzes Stück abwärts und dann rechts auf der breiten Straße, die zu dem großen Parkplatz führt. Nach wenigen Minuten zweigt unser Weg links an einem Betonsteinlager ab. Er führt zunächst etwas abwärts und überquert dann auf einer hohen Brücke die Cava Sinigallia. Weiter ansteigend folgt man danach rechts einem Weg in die Weinberge von Capomanno. Hier gehen wir an einer hohen freistehenden Pinie nach links und kommen zu einem Gehöft, wo der Weg nicht weiterführt. Wir gehen kurz davor links im Garten entlang und kommen auf einem Jägerpfad zu einer steilen Schlucht mit gewaltigen Felsen. Hier überqueren wir auf einem alten Pfad das meistens trockene Bachbett und kommen in den großen Kastanienwald von Evaniello. Rechts steht ein neu errichtetes Marienbild. Links ist dann wieder eine Schlucht, die wir etwas umgehen. Hier und danach bleiben wir am Hang wie bei einem Spaziergang. Etwas höher rechts sind Weingärten. Nach links haben wir immer wieder einen schönen Ausblick zu den Bergen und über Casamicciola zum Meer.

116

In dem einsamen Kastanienwald des
Evaniello kommt man zu einem Marienbild

Noch im Kastanienwald erreicht man einen betonierten Wirtschaftsweg, der von Weingärten hinab nach Bagni führt. Auf der
Via Ombrasco kommt man dann zur Hauptstraße neben dem
Hotel Manzi. Dort ist eine Bushaltestelle. Von der Via Ombrasco
geht man nach links bis fast an das Ende der Straße. Dort führt
rechts ein wenig benutzter Weg hinauf zur Piazza Maio.

Geht man von hier etwa 500 m in Richtung Fango, so kann man
links oberhalb der Straße neben einem Gehöft am Monte Cito
eine Fumarole besichtigen. Man sieht, wie die Dämpfe aus kleinen Löchern emporsteigen und sich Schwefel auf der toten Erde
ablagert. Neugierige versuchen mitunter dort zu schnuppern.
Darauf sollte man aber verzichten.

39 Kombinierte Rundwanderung um die Insel

Man kann die Insel auf einer Tagestour sehr gut kennenlernen, indem man zwei nicht anstrengende Wanderungen mit drei kurzen Busfahrten verbindet.

Zunächst fährt man von Porto mit der Linie 5 bis zur Endstation Maronti. Von dort wandert man am Meer entlang nach S. Angelo. Oft kann man vom Marontistrand aus direkt am Meer bis zur Cava Scura gehen. Schlagen die Wellen bis an die Felsen, so kann man auf einem Höhenweg in 10 Minuten dorthin gelangen. An der Cava Scura sollte man nicht versuchen, weiter am Meer entlang zu gehen, sondern wandert über den Höhenweg, der nicht weit vom Meer beginnt, nach S. Angelo.

Hier sollte man eine längere Rast machen und sich den Ort etwas ansehen. Man kann im Ort auch zu einem Restaurant an der Höhe hinaufgehen und von einer Terrasse beschaulich aufs Meer hinabblicken.

Für die Weiterfahrt braucht man nicht zum Hafen hinunterzusteigen, sondern kann im Lokal gleich nach der Bushaltestelle oberhalb des Ortes fragen. Von dort fährt man mit der Linie 1 oder CS durch Forio bis zur Haltestelle S. Francesco, wandert auf dem Weg 36 an der Punta Caruso vorbei nach Lacco Ameno und fährt von hier mit dem Bus nach Porto.

Von den anderen Orten kann man die kombinierte Rundwanderung ähnlich durchführen, muß aber in Porto umsteigen und kann dabei vielleicht einen Bummel am Hafen oder auf der Via Romana machen.

AUSFLÜGE IN DIE UMGEBUNG DER INSEL

Bei klarem Wetter sieht man von Ischia aus das Festland, Capri, Procida und mitunter auch die Ponza-Inseln. Deswegen ist es verlockend, zwischen einzelnen Wander- oder Ruhetagen Ausflüge in die Umgebung der Insel zu machen.

Es würde den Rahmen des Buches sprengen, wenn man darin Capri, Pompeji, Paestum usw. eingehend beschreiben würde. Auch werden von Reiseführern überall dorthin Exkursionen veranstaltet. Wer jedoch nicht in einer größeren Gruppe reisen oder einzelne Orte nochmals in Ruhe ansehen will, wird wissen wollen, wie man solche Ausflüge am besten vorbereitet.

Auf jeden Fall sollte man sich vorher durch eines der vielen kleinen Bücher oder Hefte informieren, die es in Touristikbüros, an Ständen oder in Geschäften gibt.

Capri

Capri kann man ohne Schwierigkeiten allein besuchen und braucht zunächst lediglich eine Karte für die Überfahrt zu lösen. Man sollte aber nur bei großen Schiffen buchen, weil schon ein mittlerer Seegang auf kleineren Schiffen sehr unangenehm werden kann.

Wenn man auf Capri ankommt, kann man leicht in den großen Strom der Tagesbesucher geraten, die wie bei uns auf Helgoland aus allen Richtungen eintreffen. Ein großer Teil von ihnen stürzt sich gleich in die Motorboote zur Blauen Grotte. Vor ihr muß man zu dieser Tageszeit oft lange warten, weil immer nur wenige kleine Ruderbotote in die Grotte fahren können. Andere Besucher eilen vom Schiff schnell zur Zahnradbahn, um dann von ihr in den Bus nach Anacapri umzusteigen. Das sollte man nur tun, wenn an dem Bahnschalter im Hafen nicht viele Leute anstehen.

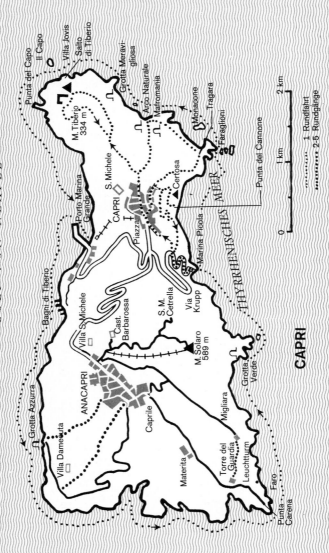

CAPRI

GOLF VON NEAPEL

THYRRHENISCHES MEER

Punta del Capo
Villa Jovis
Salto di Tiberio
Il Capo
Grotta Meravigliosa
M. Tiberio 334 m
Arco Naturale
Matromania
Monacone
Tragara
Faraglioni
S. Michele
CAPRI
Cert osa
Piazza
Punta del Cannone
Porto Marina Grande
Marina Piccola
Bagni di Tiberio
S. M. Cetrella
Villa S. Michele
Cast. Barbarossa
Via Krupp
M. Solaro 589 m
Grotta Azzurra
ANACAPRI
Caprile
Grotta Verde
Villa Damecuta
Materita
Torre del Guardia
Migliara
Leuchtturm
Punta Carena
Faro

0   1 km   2 km

········· 1 Rundfahrt
━━━━━━━ 2-5 Rundgänge

Als Beispiel, wie man es schöner haben kann, möchte ich schildern, wie wir einmal zu 5 Personen trotz eines großen Andranges auf Capri einen abwechslungsreichen Tag ohne jede Hast verlebt haben. Wir nahmen uns für den ganzen Tag mit Unterbrechungen ein Taxi. Zunächst fuhren wir nach Anacapri und sahen uns die Villa San Michele an, ehe die Besucher mit den Bussen eintrafen. Es ist immer wieder ein ästhetischer und kulturhistorischer Genuß, in dem Haus und in den Gärten Axel Munthes die vielen schönen Kunstwerke zu sehen. Sie wirken in dem hellen Licht dieser Landschaft viel eindrucksvoller als in irgendeinem Museum.

Danach gingen wir zum Lift und fuhren auf den Monte Solaro, den höchsten Punkt der Insel. Schon das Emporschweben auf den Sesseln ist eine Freude. Die Fahrgäste winken sich zu und sehen vergnügt auf die Gärten mit blühenden Bäumen und Sträuchern hinab. Vom Gipfel hat man einen herrlichen Ausblick auf die Insel, die Bucht von Neapel und das Festland. Sorrent sieht man meistens zum Greifen nahe.

Als wir an der Talstation wieder ankamen, wartete der Taxifahrer schon und fuhr mit uns zu einer kleinen Treppe an der Blauen Grotte. Der große Strom der Touristen war schon fort. Mit einem kleinen Boot kamen wir direkt in die Grotte.

Der Taxifahrer brachte uns nun zu einem behaglichen Lokal, wo wir geruhsam etwas essen konnten. Danach wollten wir nicht mehr viel unternehmen und ließen uns zu der Marina Picola bringen, dem kleinen Hafen an der Südseite. An dem etwas dunstigen Tage schimmerten dort im Meer die Faraglioni-Felsen in einem lichten Hellblau. Dort gibt es blaue Eidechsen. Über die Ursache dieser Färbung können die Wissenschaftler sich nicht einigen.

Wir hätten auch noch zum Tiberiuspalast an der Ostseite der Insel gehen können. An der Steilküste wird dort ein Felsen gezeigt, von dem der Kaiser angeblich Widersacher hinabstürzen ließ.
Auf der beschaulichen Heimfahrt sahen wir zu unserer Linken noch einmal die Villa San Michele und nachher rechts den Vesuv im Rotbraun des späten Nachmittags.

Wer zum zweiten Mal nach Capri kommt, sollte eine Rundfahrt mit dem Schiff um die Insel nicht versäumen. Vielleicht hat man dann auch noch Zeit genug, um auf der alten Via Phenizia nach Anacapri oder zum Monte Solaro hinaufzusteigen.

Vom Monte Solaro auf Capri sieht man
hinab zur Marina Picola

Procida

Die fruchtbare, kleine Insel Procida (3,5 qkm) ist von Porto aus bequem zu erreichen. Täglich fahren mehrmals Schiffe dorthin. Viele von den 12 000 Bewohnern sind Seeleute, aber auch fleißge Kleinbauern, welche Wein- und Zitronengärten bestellen. Man sagt, daß die Frauen der Insel besonders schön sind. Der französische Dichter Lamartine hat ihnen in seinem Roman „Graciella" ein anmutiges Denkmal geschaffen.

Man kann Procida besonders eindrucksvoll kennenlernen, wenn es einem gelingt, am Hafen eine Pferdedroschke zu bekommen. Der Kutscher weiß sehr gut, was den Besuchern Freude macht, und der gemütliche Trab des Pferdes paßt so ganz zu der idyllischen Insel. Ab und zu wird angehalten, und immer wieder kann man etwas Besonderes sehen. Man kommt an dem kleinen Hafen Chiaolella im Süden der Insel vorbei. Davor liegt die kleinere Insel Vivara. Sie ist mit der Hauptinsel verbunden, aber als Privatbesitz mit einem Hospital nicht zur Besichtigung freigegeben. Wenn man keine Pferdedroschke bekommt, sollte man die Rundfahrt mit einem Microtaxi unternehmen.

Die sehenswerte Festung mit der schönen Kirche kann man vom Hafen aus zu Fuß erreichen. Schon der Weg hinauf durch die engen Gassen ist interessant. Der größte Flügel des Castello war bisher Zuchthaus und wird jetzt als Bibliothek eingerichtet.

Besonders interessant ist ein Ausflug nach Procida am Karfreitag. Dann findet hier eine große Prozession mit viel Folklore statt. Dafür sollte man möglichst morgens eine der ersten Schiffsverbindungen nehmen. Am 18.5. und 29.9. finden Volksfeste zu Ehren des Schutzheiligen S. Michele Arcangelo statt. Auch an diesen Tagen gibt es viel zu sehen. Die Schiffsverbindungen von Ischia nach Procida sind so gut, daß man für diesen Ausflug nur einige Stunden brauchen würde. Man sollte sich aber einen ganzen Tag dafür Zeit lassen, um überall so lange zu bleiben, wie es einem gefällt. Auch an einem der Strände im Süden der Insel kann man mehrere Stunden verbringen.

Die antiken Stätten

Sehr schöne Tagesausflüge kann man nach Pompeji, Herculaneum und Paestum machen. Eigenartigerweise ist Paestum weniger bekannt und besucht, trotzdem es die beiden anderen Stätten an Bedeutung weit übertraf. Pompeji und Herculaneum haben jedoch eine einmalige kulturhistorische Bedeutung, weil uns dort das Leben der Antike durch die plötzliche vulkanische Zerstörung so gut erhalten geblieben ist wie an keinem anderen Ort.

· Nach Pompeji und Herculaneum werden viele Exkursionen veranstaltet, meistens jedoch im Zusammenhang mit anderen Ausflügen, so daß man für die Besichtigung nur wenig Zeit hat. Wer diese Stätten lieber allein oder im kleinen Kreis besuchen will, kann mit dem Schiff nach Neapel und dann vom Bahnhof Circumvesuviana dorthin fahren. Mit dieser S-Bahn kommt man schnell und billig zu beiden Stätten. Es ist jedoch davon abzuraten, beide an einem Tag zu besuchen, weil man dann zu viele ähnliche Eindrücke in sich aufnehmen müßte. Wer noch etwas anderes unternehmen will, kann den Vesuv besteigen, das Museum in Neapel besichtigen oder noch die Phelgräischen Felder besuchen. Wer ein Taxi von Ischia aus mietet, kann noch einen wunderbaren Ausflug nach Amalfi und Sorrent damit verbinden. Man sollte dabei auch die Grotta Smeralda besichtigen, deren Smaragdgrün sich mit dem Blau der Grotte von Capri messen kann.

Pompeji

Man fährt mit der S-Bahn zu der Station Villa dei Misteri, ein Name, der schon auf eine ganz besondere Sehenswürdigkeit hinweist. In der einst blühenden Provinzstadt Pompeji ist man heute noch von den Spuren der großen Katastrophe beeindruckt, bei der viele Menschen in dem feurigen Lavastrom und in der glühenden Asche umgekommen sind.

Der Admiral und Naturforscher Plinius der Ältere fand 79 n.Chr. bei diesem Ausbruch des Vulkans den Tod, als er eine Rettungsaktion durchführen wollte. Sein 17jähriger Neffe Plinius der Jüngere schrieb damals über dieses Naturereignis einen eindrucksvollen Bericht an Tacitus. Auch der gewandteste Reporter hätte das als Augenzeuge nicht anschaulicher schildern können.

Sehr gut ist das Amphitheater erhalten, ebenso auch viele Wohnhäuser wohlhabender Kaufleute. Oft wird auch das Freudenhaus besichtigt. Auf einer Platte des alten Steinpflasters weisen die Umrisse eines Penis eindeutig darauf hin. Das Innere des Hauses bietet nicht mehr als ein Pornoheft. Wenn man die Stadt aus kulturhistorischem Interesse sehen will, kann man sich diesen Besuch ersparen.

Wer längere Zeit für die Besichtigung in Pompeji vorsieht, sollte mittags eine Pause in dem Selbstbedienungsrestaurant machen und sich dann an einem beschaulichen Platz etwas ausruhen.

Pompeji – Die Via dell'Abbondanza

Herculaneum

Herculaneum wirkt schon deswegen friedlicher, weil die Stadt nicht sehr schnell und nur durch vordringenden Lavaschlamm überdeckt worden ist. Als Villenort reicher Leute, damals dicht am Meer, macht sie einen besonderen Eindruck. Viele gut erhaltene Kunstwerke verdienen es, daß man sich auch hier Zeit läßt. Zum Teil erinnern sie an Gemälde und Plastiken neuerer Zeit, wie z.B. an die Primavera von Botticelli und an den Jugendstil. Auch das Manneken Pis ist nicht die originelle Idee eines flämischen Künstlers. Die gleiche Gestalt steht in Herculaneum lebensnah vor uns.

Sehr interessant tritt durch Ausgrabungen in Erscheinung, wie auf der nahezu unversehrt verschütteten Stadt später Häuser gebaut wurden. Man sieht auf den antiken Gebäuden eine Erdschicht und darüber ganze Straßenzüge unserer Zeit. In gleicher Weise habe ich dieses Phänomen nur noch in Luxor am Nil gesehen, während in Troja und anderen Städten nur Trümmerschichten übereinander liegen.

Der ausgegrabene Teil von Herculaneum ist wesentlich kleiner als der von Pompeji. Man braucht deswegen nur weniger Zeit vorzusehen und kann noch etwas anderes unternehmen.

Gut erhaltene Mosaike zeigen noch heute die Wohnkultur der Römer

Paestum

Am ganzen Mittelmeer gibt es nirgendwo gleich drei so gut erhaltene und große griechische Bauwerke wie in Paestum.

Die Stadt wurde zu einer Blütezeit von Wirtschaft und Kultur im 6. Jahrhundert v.Chr. großzügig geplant und errichtet. Deswegen sind schon ihre Ausmaße sehr eindrucksvoll. An den Gebäuden ist verhältnismäßig wenig zerstört oder verwittert. Die Stadt versumpfte und verödete nämlich, als der Fluß und der Hafen versandeten. Bald verhinderte die Malaria, daß man dort überhaupt noch wohnen konnte. So war auch kaum jemand da, der aus den Blöcken der antiken Gebäude Häuser oder Ziegenställe errichtete, wie das oft woanders geschehen ist. Auch gibt es hier keine Umweltverschmutzung wie z.B. bei der Akropolis in Athen.

Das erste Mal besuchte ich Paestum zusammen mit Herculaneum in der üblichen Gruppe mit einem sehr guten Reiseführer. Da unterwegs noch eine Pause zum Einkaufen gemacht werden mußte, kamen wir erst so spät in Paestum an, daß wir für das aus-

Von den drei großen Tempeln in Paestum ist der des Neptun besonders gut erhalten geblieben

gezeichnete kleine Museum nur ¼ Stunde Zeit hatten. Dabei kann man dort u.a. wunderschöne griechische Malereien aus Gräbern des 5. Jahrhunderts v.Chr. sehen. Das eindrucksvollste dieser Kunstwerke wurde erst 1968 entdeckt. Das Bild stellt als Symbol für das Sterben einen jungen Mann dar, der von einem Turm aus in das Meer springt. Man nennt danach den ganzen Fund „das Grab des Tauchers".

Wenn man einen Ausflug mt einem Taxi unternimmt, kann man sich das Museum in Ruhe ansehen und nach der Mittagspause die antiken Stätten besuchen. Dabei bleibt es einem überlassen, ob man sich dafür etwas mehr Zeit nimmt und auf der Autostraße zurückfährt. Man kann es aber auch so einrichten, daß man auf der Heimfahrt einen Umweg über die Küste von Amalfi macht. Mit dem Fahrer kann man absprechen, ob er vielleicht erst mit dem letzten Schiff von Neapel nach Ischia übersetzt.

Wer an Paestum besonders interessiert ist, kann dort übernachten. Man fährt dann am besten von Neapel aus mit dem Zug dorthin. Besonders eindrucksvoll ist an diesen Stätten der Sonnenuntergang. In der Dunkelheit werden die Tempel erleuchtet. Manchem Fotofreund ist es gelungen, davon besonders schöne Aufnahmen zu machen.

Phlegräische Felder
Amphitheater – Serapeum – Cuma – Baia

Wer nicht nur an einer schönen Landschaft mit eigenartigen vulkanischen Erscheinungen sondern auch an Stätten klassischer Vergangenheit interessiert ist, kann auf diesem Ausflug viel davon erleben. Auf der Fahrt von Ischia nach Pozzuoli kann man an die Griechen denken, die vom Monte Vico aus den günstigsten Naturhafen auf dem Festland aussuchten und oberhalb von Baia Cuma (Kyme) als Festung und Kultstätte ausbauten. Die Römer machten aus dieser Bucht von Puteoli (Pozzuoli) ihren Welthafen. Sie verbanden ihn durch die Via Domitiana mit Rom. Erst unter Nero überflügelte Ostia Puteoli. Baia wurde das Modebad der Mächtigen und der

Reichen. Die römische Kriegsflotte fand hier in der Nähe einen idealen Stützpunkt. Agrippa verband die Lagune Lucrino und den Kratersee von Averno durch ein Kanalsystem mit dem Meer, so daß die Schiffe ihr Arsenal im schützenden Binnenland bekamen.

Man fährt von Porto oder Casamicciola mit einer der beiden großen Schiffahrtslinien direkt nach Pozzuoli. In Porto legen diese Schiffe auf der linken Seite des Hafens an.

Manche Touristen gehen vom Hafen Pozzuoli hinauf zu den Phlegräischen (dampfenden) Feldern, die nach ihrem größten Krater auch Solfatara (Schwefelgrube) genannt werden. Da wir noch viel vorhaben, sollten wir uns dafür lieber ein Taxi nehmen oder mit einer der Buslinien 6, 9 oder 152 dorthin fahren.

Die dampfenden Phlegräischen Felder zeigen, daß der vulkanische Untergrund immer noch aktiv ist

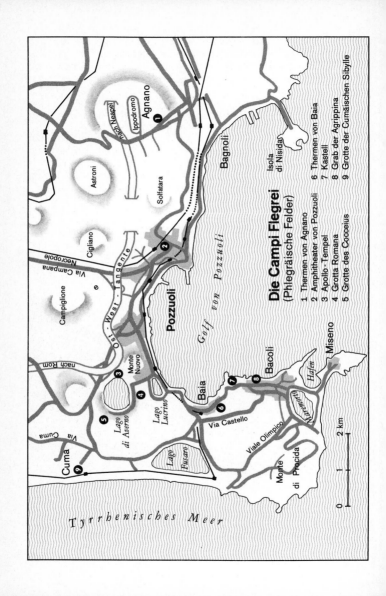

Die Campi Flegrei
(Phlegräische Felder)

1 Thermen von Agnano
2 Amphitheater von Pozzuoli
3 Apollo-Tempel
4 Grotta Romana
5 Grotte des Cocceius
6 Thermen von Baia
7 Kastell
8 Grab der Agrippina
9 Grotte der Cumäischen Sibylle

Der Eingang zu Solfatara ist auf einer Höhe neben der Bushaltestelle. Da es sich hier um ein privates Unternehmen handelt, ist der Eintrittspreis erheblich höher als z.B. bei dem Amphitheater in Pozzuoli. Es ist ein eindrucksvolles Erlebnis, wenn man dann in dem flachen, weiß-gelben Schwefelkrater umhergeht und die vulkanischen Schlammassen brodeln sieht. Daneben kommen an verschiedenen Stellen Schwefeldämpfe zischend aus der Erde. Diese trockenen Fumarolen erreichen hier Temperaturen bis zu 160°. Wer an dem vulkanischen Geschehen besonders interessiert ist, findet darüber eingehende Ausführungen bei Pichler.

Nach dieser Besichtigung sollten wir es nicht versäumen, etwa 15 Minuten bergab zu gehen, um das Amphitheater Flavium zu besuchen. Es konnte 40 000 Zuschauer aufnehmen und war auch für große Wasserspiele konstruiert. In der reichen Hafenstadt gab man für Vergnügen etwas aus und baute großzügig.

Das Theater ist freigelegt worden, so daß auch Freilichtvorführungen darin stattfinden konnten. Zur Zeit ist es wegen Bauschäden dafür gesperrt. Wenn man wieder zu den obersten Rängen gehen darf, sollte man darauf nicht verzichten. Man hat von dort oben einen interessanten Ausblick auf die Umgebung und kann sich vorstellen, wie früher in dieser Gegend die Villen der Reichen standen und die Armen in den Gassen am Hafen wohnten.

Am Ausgang ist der Pförtner gern bereit, uns den Weg zum Serapeum zu zeigen. Auch kann man bei ihm einen Stadtplan für Pozzuoli und die Umgebung erhalten.

In etwa 10 Minuten geht man bergab über die Eisenbahnbrücke zu dem sog. Serapeum (Tempel des Serapis), das in Wirklichkeit in künstlerisch gestalteter Markt (Macellum) war. Auf ihm konnte man einst Waren aus allen Teilen der damaligen Welt kaufen. Wenn wir den Markt in Pompeji schon gesehen haben, können wir vergleichend feststellen, daß man in dem Welthafen Puteoli viel großzügiger und schöner gebaut hat. Goethe war 1787 von dem Serapeum sehr beeindruckt.

Die Säulen des Serapeums sind für jeden Vulkanforscher hochinteressant. Man kann an ihnen Muschelbewuchs in verschiedenen Schichten erkennen und daran festellen, wie hoch hier jeweils der Wasserstand war. Die Erdoberfläche hat sich hier nämlich bis zu 10 m gehoben oder gesenkt. So standen die Säulen bis 1980

An den Muschelringen der Säulen des Serapäums
kann man erkennen, wie sich hier die Erde
gehoben und gesenkt hat.

noch im Wasser. Bei dem großen Beben hob sich die Erde damals um mehrere Meter, so daß jetzt der Boden des Serapeums trocken ist, wenn es nicht gerade geregnet hat. Pozzuoli wurde 1980 durch diese vulkanischen Einwirkungen so zerstört, daß die Altstadt heute noch gesperrt ist. Am Hafen stieg die Erdoberfläche um 2 m. Deswegen mußte man an dem neuen Ufer einen tieferen Kai für die Schiffe bauen. Diesen Vorgang, der die Küste von Pozzuoli bis Baia immer wieder verändert, nennt man Bradysismus.

Neben dem Serapeum ist eine Haltestelle der Vorortbahn Cumana. Man kann von hier bis Baia und dann mit dem Bus nach Cuma fahren. Wenn man sich hier ein Taxi nimmt, hat man die Möglichkeit, am Avernosee vorbei nach Cuma zu gelangen. Die Gegend ist nicht nur landschaftlich schön. Man kann auch sehen, wo einst die römischen Kriegsschiffe in Bereitschaft lagen. Am See befindet sich auch der Ort, an dem Odysseus am Eingang zur Unterwelt mit den Toten gesprochen haben soll. Von dem malerischen, antiken Torbogen Arco Felice kommt man dann schnell nach Cuma.

Viele Touristen erwarten von Cuma nur, daß sie irgendeine Höhle sehen, in der die sagenumwobene Sybille u.a. Aeneas die Zukunft vorausgesagt haben soll. Man ist jedoch überrascht, wieviel Interessantes man hier besichtigen kann. Wenn man durch den 131,50 m langen, trapezförmigen, hohen Gang zwischen gewaltigen Felsen hindurchschreitet, gewinnt man den Eindruck, daß hier schon seit Urzeiten eine Kultstätte gewesen ist. Am Ende des Ganges befindet sich die Höhle der Sybille, die man nach langem Suchen erst 1932 gefunden hat. Sicher war die Höhle u.a. durch Wandverkleidungen besonders ausgestattet. Wenn einst die Ratsuchenden die Sybille in ihrem eigenartigen Gewand im flakkernden Feuerschein und stark wirkenden Dämpfen vor sich sahen, waren sie wohl bereit, die Worte der Wahrsagerin gläubig aufzunehmen. Der lange Gang ist an der Seite mehrfach durchbrochen. Steigt man hinaus, so hat man einen herrlichen Ausblick auf die Landschaft mit dem Meer. Auf einer uralten heiligen Straße geht man nun zu den Festungsanlagen der Akropolis. Von ihrem höchsten Punkt aus können wir uns gut vorstellen, wie die Griechen von hier das ganze Gebiet mit dem Hafen Baia beherrschen konnten. Dort unten wurde die etruskische Flotte vernichtet, und draußen auf dem Meer gab dann Syrakus von Ischia aus die gewünschte Sicherheit.

Der Niedergang kam von einer anderen Seite. Die Samniter unterwanderten erst das etruskische Capua und dann Cuma. Beide Städte konnten sich gegen die Aufstände dieses italischen Stammes nicht halten. Cumas Neugründung Neapolis blieb selbstständig, bis die Römer es besetzten. In dem verfallenen Cuma nisteten sich Seeräuber ein. Als die Neapolitaner sie 1207 vertrieben, verödete der Ort völlig.

Man kann dann mit dem Bus nach Baia fahren. Rechts sieht man den großen Lago del Fusaro. Oben am Anfang von Baia kann man an der Haltestelle Parco Archeologico aussteigen. Wer in Rom etwas war, hatte hier am Hang mit den Thermalquellen seine Villa. Pompejus, Caesar, Cicero, Augustus, Caligula, Nero und viele andere suchten hier Erholung und Heilung oder je nach ihren persönlichen Wünschen Zerstreuung. Es geschah hier auch so manches. So wollte Nero auf dem Meer seine Mutter in einem listig konstruierten Boot versenken lassen. Aber nur der erste Teil des Planes gelang. Das Boot ging zwar unter, aber die rüstige alte

Den trapezförmigen Eingang zur Höhle der Sybille
haben einst viele Menschen durchschritten,
um ihre Weissagungen zu hören.

Dame schwamm laut schimpfend an Land. Eine Kriminalkomödie in der oft so bitterernsten Geschichte.

Von den großen Thermalanlagen ist das Kuppeldach des sog. Merkurtempels besonders eindrucksvoll. Daß diese gewölbte Decke selbst nach Erdbeben als Hälfte heute noch steht, ist ein Beweis für die hervorragenden statischen Kenntnisse der damaligen Architekten. Diese Technik des Kuppelbaus ging dann verloren. Erst Brunelleschi beherrschte sie wieder bei dem Bau des Domes von Florenz.

134

Von den Thermen aus haben wir einen wunderschönen Blick auf das Meer. Die Küste hat sich durch Erdbewegungen oft verändert. Ein Teil des alten Baia ist im Meer versunken. Auf der gegenüberliegenden Seite der Bucht sieht man das markante Castello des Pedro von Aragon. Im Hintergrund ragt die Landzunge des Kap Misenum weit ins Meer hinein. Wir können nun in wenigen Minuten in die Stadt hinabgehen, um mit der Cumana nach Pozzuoli zu unserem Schiff zu fahren. Diese Bahn fährt etwa alle 20 Minuten. Die Abfahrtszeiten der beiden Schiffslinien nach Ischia sollte man sich vorher notieren. Wenn wir dann über das Meer fahren, sehen wir noch einmal hinüber zu dem Castello des Pedro von Aragon und zu den Höhen von Cuma.

**Blick von den Thermen in Baia
auf die gegenüberliegende Seite der Bucht
mit dem Castello des Pedres von Aragon**

Ventotene und die anderen Ponza-Inseln

Bei klarem Wetter kann man von Forio und der Umgebung Land im Meer sehen. Es ist nicht nur eine Insel, sondern es sind zwei, die hintereinander liegen, S. Stefano und Ventotene. Sie gehören zu den Ponza-Inseln, die man so nach der größten von ihnen nennt. Während der Hauptsaison fahren täglich Schiffe der Med-Mar nach Ventotene und Ponza hin und zurück. Wer mit dem Auto nach Ischia kommt, kann diese Inseln auch von Formia oder Terracina aus besuchen.

S. Stefano liegt dicht vor Ventotene, so daß man selbst noch kurz davor den Eindruck hat, daß es sich nur um eine Insel handelt. Auf dem ovalen Lavablock von S. Stefano mit einer Höhe 84 m und einem Durchmesser von 600 m befindet sich ein nicht mehr belegtes Gefängnis. Diese Insel wird kaum besucht. Ventotene, die Insel des Windes, ist 3 km lang und bis zu 800 m breit. Die größte Höhe beträgt 139 m. Die Küste ist fast überall steil.

Von den römischen Kaisern bis zu Mussolini war Ventotene eine Insel der Verbannten. Am bekanntesten von ihnen ist die schöne und intelligente Julia, Tochter des Kaisers Augustus. Er scheute sich nicht, sein einziges Kind mehrmals so zu verheiraten, wie es in seine politischen Pläne paßte.

Augustus war kein großer Feldherr. Aber er hatte seinen fähigen Jugendfreund Agrippa, der zu Lande und zur Seee glänzende Siege für ihn erfocht. Die Soldaten waren von diesem Manne so begeistert, daß Augustus ein ungutes Gefühl bekam, als man ihn selbst nach siegreichen Schlachten nur mit eisigem Schweigen empfing. Ein solcher Mißmut von Soldaten war schon für manchen Herrscher schlecht ausgegangen. Augustus hatte noch einen anderen intelligenten Freund, den etruskischen Aristokraten Maecenas. Dieser meinte, Augustus müsse Agrippa entweder ermorden lassen oder mit Julia verheiraten und so an seine Familie binden. Julia wurde schnell geschieden und war bald die Frau des viel älteren Agrippa. Sie gebar ihm fünf Kinder, was sie aber nicht daran hinderte, mit den verkommensten Snobs in Rom ein zügelloses Leben zu führen. Bei frivolen Gesprächen sprach man sie darauf an, wie erstaunlich es sei, daß alle ihre Kinder Agrippa ähnlich wären. Daraufhin sagte sie lächelnd: „Nunquam enim nisi navi plena tollo vectorem." Das heißt : „Ich nehme einen Fahrgast nur auf ein beladenes Schiff." Als Agrippa starb, versuchte Augustus seinen vorgesehenen Nachfolger Tiberius durch Julia zu binden und verheiratete die beiden. Sie gebar ihm zwar einen Sohn, trieb es aber noch schlimmer als vorher und gab sich sogar als Dirne aus. Der bis dahin mit der Blindheit eines stolzen Vaters geschlagene Augustus erfuhr erst jetzt, was seine Tochter für ein Leben führte. Er ließ sie scheiden und verbannte sie nach Ventotene.

Auch andere Prominente Roms waren hier als Verbannte, zuletzt antifaschistische Italiener.

Heute wird die Insel hauptsächlich von Fischern bewohnt. Mit ihrem schlichten Charme zieht sie immer wieder Besucher an, welche die einsamen Strände und den kleinen verträumten Ort zu schätzen wissen. Im Hafen sind oft Motorboote von Gästen. Wohlhabende Fremde haben sich am Rande des Städtchens kleine Villen gebaut.

Die Besucher verbringen die meiste Zeit an dem großen Strand links vom Hafen gegenüber von S. Stefano. Wer das beabsichtigt, sollte sich bald in der Bar erkundigen, wo er möglichst schnell einen der wenigen Sonnenschirme mieten kann. Der sandige Strand mit seinen hohen Lavafelsen und Höhlen ist sehr interessant. In der tiefen Meeresenge nach S. Stefano zu ragt die Spitze eines Vulkankegels einige Meter hervor. Das Wasser ist sehr klar und für das Schwimmen mit Schnorchel besonders geeignet, weil die Natur auf dem Meeresgrund kaum beschädigt ist. Es gibt hier auch Korallenbänke. Wenn man ein gutes Auge hat, kann man am Strand immer wieder kleine Bruchstücke von Korallen finden.

Wer zu lukullischen Genüssen neigt, sollte sich am Hafen bald nach Ankunft eine Languste oder ein anderes Fischgericht bestellen. Die kleinen einheimischen Lokale sind gemütlich, so z.B. auch das an der Piazza mit der großen Weinlaube.

Die Insel Ponza ist 6 km lang und hat abwechslungsreiche Strände. Der höchste Berg ist 283 m hoch. Das einzige größere Hotel mit 40 Betten, Albergo Mari, ist nur im Sommer geöffnet, Telefon mit deutscher Vorwahl 003977180101. Auch nach Ponza kommen immer mehr Besucher, welche die schönen Strände besonders lieben.

Von Ponza aus kann man das 6 Seemeilen entfernte Zannono besuchen. Die Insel ist Naturschutzgebiet für Zugvögel.

Allgemeine Hinweise

Wenn jemand sich erkundigt, wo er zum ersten Mal auf Ischia Urlaub machen sollte, ist die Antwort schwierig, weil man bei den mannigfaltigen Möglichkeiten sehr auf die individuellen Wünsche eingehen sollte. Es kann jedem etwas geboten werden, ob er nun mehr auf Beschaulichkeit und Einsamkeit oder die Abwechslung an Badestränden, in Cafés oder Geschäften schätzt. Sehr wichtig kann auch die Nähe eines Thermalbades oder eine Kureinrichtung im Hause sein. Ischia ist so reich mit Quellen gesegnet, daß viele Hotels eigene Thermalbäder haben. Es gibt aber auch Mineralwasserbecken, die nur die normale Wärme haben.

Wer auf einer Süditalienreise Ischia nur für einige Tage besuchen will, kann dafür nützliche **Informationen** durch das Hotelverzeichnis der Provinz Neapel erhalten. Es erscheint jedes Jahr und enthält nicht nur die wichtigsten Angaben über Hotels mit Preisen, sondern auch die Anschriften und Tel.-Nummern der Touristenbüros, Eisenbahnstationen, Häfen, Post- und Telefonämter usw. Man erhält das Verzeichnis kostenlos von den ENIT-Büros:

> München 2, Goethestraße 20
> Frankfurt, Kaiserstraße 65
> Düsseldorf, Berliner Allee 26
> Wien, Kärntnerring 4
> Zürich, Uraniastraße 32

Die **Sprache** macht einem Deutschen auf Ischia kaum irgendwelche Schwierigkeiten. In der Saison außer Juli/August sind die meisten Touristen deutschsprachig. In den Hotels und Geschäften hat man sich darauf eingestellt. Wer öfter nach Italien kommt, sollte mindestens an einem Anfängerkursus für Italienisch teilnehmen. Selbst wenn man Latein oder eine andere romanische Sprache gelernt hat, ist es wegen der Schreibweise und der Aussprache wichtig, daß man einiges davon weiß. Den Einheimischen bereitet es Freude, wenn man mit ihnen etwas Italienisch spricht.

Mehrere **Schiffahrtslinien** verbinden Ischia mit dem Festland und mit anderen Inseln. Bei Ausflügen muß man darauf achten, daß man die gern angebotenen Rückfahrkarten nur bei der gleichen Linie benutzen kann. Man sollte also nur die Hinfahrt buchen, wenn man nicht genau weiß, wann man zurückkommt. In den geschlossenen Tragflügelbooten (Aliscafi) kann man in einer guten halben Stunde Neapel erreichen. Natürlich ist das teurer als mit den üblichen Fährschiffen (Traghetti), die auch Autos befördern. Mit ihnen benötigt man etwa 1½ Stunden, wenn sie noch in Procida anlegen, 2 Stunden. Sie haben den Vorteil, daß man von ihrem Deck aus den herrlichen Blick auf die Bucht von Neapel genießen kann.

Man muß beachten, daß es in Neapel mehrere Anlegestellen gibt. Die **Fährschiffe** legen meistens in Beverello neben dem Überseehafen an, aber auch einige Aliscafi. Diese verkehren allerdings meistens von Mergellina aus etwas weiter westlich. Von diesem Hafen aus ist es nicht weit zu dem Bahnhof Mergellina für den Stadtverkehr, aber auch einige Züge nach Rom halten hier.

Der nächste Hafen von Ischia aus ist Pozzuoli. Für Fahrten an der Küste nach Norden ist dieser Hafen besonders günstig, aber auch für Ausflüge zu den Phelgräischen Feldern sowie nach Cuma und Baia.

Auskünfte, Fahrkarten und Reservierungen für die **Bahn** erhält man am besten in Porto beim CIT auf der Via Roma, aber auch in den kleineren Orten bei den Reisebüros. Für lange Bahnfahrten ist es interessant, daß es zum Seniorenpaß die Zusatzkarte RAIL-EUROP gibt. In Italien erhält man eine Ermäßigung von 30 %.

Die **Busverbindungen** auf der Insel sind so günstig, daß man die meisten Ausgangspunkte der Wanderungen direkt erreichen kann. Fast alle Linien beginnen auf dem Busbahnhof am Hafen von Porto. Die Haltestellen (Fermata) sind mitunter nur auf einer Straßenseite. Für die entgegengesetzte Fahrtrichtung wartet man in der Regel gegenüber. Bei Rundverkehr und Einbahnstraßen sollte man nach der Fermata fragen, wenn man sie nicht gleich findet.

Fahrkarten müssen am Busbahnhof, in einem Tabacchi oder einem Geschäft in der Nähe gelöst werden. Im Bus gibt es keine Fahrscheine. Es ist deswegen zweckmäßig, gleich mehrere zu kaufen. Es gibt Fahrkarten für z.Z. 1000 Lire für eine halbe und 1400 Lire für eine ganze Stunde. Viele Fahrgäste warten deswegen mit dem Entwerten bis zur Abfahrt des Busses. Wenn es zweifelhaft ist, ob man das Fahrziel in einer halben Stunde erreicht, sollte man auf jeden Fall die Karte für 1400 Lire verwenden. Es wird oft kontrolliert. Wer keinen gültigen Fahrausweis hat, muß 25 000 Lire bezahlen. Die Busfahrer leisten eine hervorragende Arbeit. Es gelingt ihnen fast immer, jeden Fahrgast zu befördern, auch wenn der Andrang noch so groß ist.

Nachfolgend ein Überblick aus dem **Busfahrplan** Sommer 1989. Zu Beginn des Urlaubs sollte man am Busbahnhof oder bei der Busgesellschaft SEPSA in der Nähe des Hotels Continental feststellen, ob Änderungen des Fahrplanes vorgenommen worden sind. Wer viel wandert oder Ausflüge auf der Insel macht, sollte sich jedoch einen Fahrplan beschaffen, zumal die Abfahrtzeiten mitunter geändert werden.

Die wichtigsten Linien sind die Circolare Destra = CD und Sinistra = CS. Sie fahren von 4.35 Uhr und dann von 5.00 Uhr jede halbe Stunde bis 22.30 Uhr um die Insel, weiter auch noch um 23.10, 24.00 und 1.00 Uhr. CD fährt zunächst über Barano nach S. Angelo (Grado) 1 Stunde, CS auch von Porto über Forio nach S. Angelo 45 Minuten.

Linie 1 verkehrt zeitlich zwischen CD und CS von Porto über Forio nach S. Angelo und zurück, Linie 1 während der Saison von Porto jede halbe Stunde von 8.05 Uhr an zu den Poseidongärten in 33 Minuten und von dort um 8.47 Uhr usw. zurück.

Linie 3 fährt von Porto über Casamicciola, Maio und Fango eine stündlich auch zu den Poseidongärten, aber in 45 Minuten, Linie 3 nur von der Piazza Casamicciola bis Maio und zurück.

Linie 4 ist nur für den Ortsverkehr von Lacco Ameno nach Fango.

Linie 5 verkehrt von 5.50 Uhr alle 20 Minuten von Porto nach Maronti und nach 21.10 Uhr noch dreimal. Abfahrt von Maronti 6.20 Uhr usw.

Linie 6 fährt um 6.00, 7.20, 8.10 und ab 9.00 Uhr stündlich bis 24.00 Uhr nach Fiaiano und zurück, morgens auch unregelmäßig und dann ab 9.20 Uhr stündlich bis 0.20 Uhr.

Linie 7 bedient den innerstädtischen Verkehr von Porto nach Ponte von 6.00 bis 21.00 Uhr jede Viertelstunde und um 21.30 Uhr, von Ponte ab 6.10 Uhr im gleichen Abstand. 7 ergänzt diese Linie über die Via Leonardo Mazzella.

Linie 8 fährt etwa alle 40 Minuten von Porto über Campagnano nach Ponte und zurück.

Rundfahrten um die Insel werden von den Reisebüros angeboten. Man kann sich aber auch dafür ein Taxi mieten und ist dann bei der Wahl der Tour unabhängiger.

Taxis stehen in allen größeren Orten an zentralen Stellen. Besonders beliebt sind die Microtaxis, die bis zu 6 Personen befördern können. Die Preise sollte man bei Beginn der Fahrt vereinbaren. In Neapel sollte man unbedingt nur die offiziellen gelben Taxis nehmen. Private Taxifahrer, die sich gern auf Bahnhöfen anbieten, sollte man meiden.

Für **Ausflüge auf das Festland** kann man mit einem Taxifahrer über einen Gesamtpreis einschließlich der Abholung vom Hotel und der Überfahrt auf dem Schiff verhandeln. Wenn dabei 3 Personen nebeneinander sitzen sollen, muß man darauf achten, daß der Wagen auch breit genug ist.

Banken gibt es außer in Porto noch in Ponte, Casamicciola, Lacco Ameno, Forio, S. Angelo und Barano. Sie sind nur an Vormittagen von Montag bis Freitag geöffnet. Auch in den Hotels, vielen Reisebüros und bei CIT kann man Geld wechseln.

Mit dem **Postsparbuch** kann man in Italien nicht direkt Geld abheben. Man muß etwa 2 Wochen vor der Abreise Rückzahlungskarten bei der Postsparkasse in Hamburg beantragen. Die Formulare dafür kann man bei jedem Postamt erhalten und auch dort einreichen. Ausgezahlt wird bei allen italienischen Postämtern. Es wird in beiden Ländern keine Gebühr berechnet.

Post- und Telegrafenämter gibt es in allen größeren Orten. Das Telefon wird durch eine besondere Gesellschaft betrieben, die SIP. Während der Saison ist in Porto eine große Vermittlungsstelle auf dem Corso Vittoria Colonna 92, in anderen Monaten um die Ecke bei dem Schild „Carlomagno". Die BRD erreicht man im Selbstwähldienst unter der Vorwahl 0049 und läßt dann die 0 der deutschen Vorwahl weg. Telefonautomaten kann man mit einigen normalen Münzen, besonders aber mit den Gettoni benutzen, die man in den Tabacchi und auch in manchen anderen Geschäften erhält. Es ist zweckmäßig, gleich mehrere Gettoni einzuwerfen, weil man das Summen für die nächste Münze leicht überhört. Nach Beendigung des Gesprächs drückt man auf den Rückgabeknopf für den Rest.

Es gibt auf Ischia mehrere private Rundfunksender, die neben Werbung deutsche Nachrichten und Sportberichte bringen, z.B. Radio Isola Verde um 18 Uhr und Radio Ischia International um 19 Uhr. Näheres kann man im Hotel erfahren.

Bei Unfällen ist es zweckmäßig, sich an Pronto Soccorso in Porto, Via S. Antonio 13, Tel. 99 15 16, zu wenden. Die Erste Hilfe erfolgt kostenlos. An den großen Stränden befinden sich in der Saison Bereitschaftsposten.

Ältere Touristen benötigen oft dringend Hilfe wegen ihres Zahnersatzes. Sie brauchen sich dann nur an den **Zahnarzt** Dr. Vittorio Jelasio zu wenden, Porto, Via Casciario, Tel. 99 13 30. Er hat ein schnell arbeitendes Labor.

Wenn man eine **Brille** verliert, kann mitunter schon das Hotel helfen, da fast überall Brillen gefunden und aufgehoben werden. Vorübergehend kann man sich damit helfen. Auch gibt es in den einzelnen Orten tüchtige Optiker.

In vielen Hotels kann man preiswert **Tennis** spielen. Am besten läßt man sich gleich zu Beginn des Urlaubs günstige Stunden reservieren. Trainer sind meistens vorhanden.

Bridge wird besonders im Continental Terme gespielt, wo auch Kurse und Turniere stattfinden.

Das deutsche **Generalkonsulat** ist in Neapel, Via Crispi 69, Tel. 66 46 47.

Literatur

Für Ausflüge zum Festland und den Nachbarinseln:

Kunzmann-Lange, Katharina: Golf von Neapel, mit Capri, Ischia und Procida, Ausflüge in die nähere und weitere Umgebung. – Ein Goldstadt-Reiseführer mit viel Hintergrundinformationen, Bildern, Karten und Skizzen, Pforzheim 1989.

Ambra, Angelo. Die Insel Ischia. Stieglitz-Verlag E. Händle, 6. Aufl. Mühlacker 1978

Brümmel, Wolf. Ischia. Elert und Richter, Hamburg 1989

Buchner, Paul. Gast auf Ischia. Aus Briefen und Memoiren vergangener Jahrhunderte. Prestel-Verlag, 2. Aufl. München 1971

Edschmid, Kasimir. Ischia. Die immergrüne Insel. Werner Classen-Verlag, Zürich/Stuttgart 1964

Eckert, Gerhard. Willkommen auf Ischia. LN-Verlag Lübecker Nachrichten, 2. Aufl. Lübeck 1976

Keller, Gerhard. Etrusker. Drömer/Knaur, Locarno 1970

Kosmos Naturführer. Was finde ich in Italien. Stuttgart 1967

Mancicioli, Massimo. Die Insel Ischia. Tipolito Epomeo Forio 1988. (Besonders Ausführungen über Anwendung der verschiedenen Quellen).

Pichler, Hans, Prof. Italienische Vulkangebiete II, Phlegräische Felder, Ischia, Ponza-Inseln. Tübingen 1970

Plinius d.J. Übersetzungen in Geschichten rund um das Mittelmeer. Bastei-Lübbe, München 1985

v. Wesendonk, Aladar. Bella Ischia. Bruckmann, München 1970

STICHWORTVERZEICHNIS

143

Fotografieren,
damit Ihre schönsten Urlaubserinnerungen
nicht verblassen!

Die Mehrheit der fotografierenden Weltenbummler bevorzugt für die Aufzeichnung ihrer Urlaubserinnerungen das farbige Papierbild, während für andere das Farbdia in der großflächigen Projektion das Nonplusultra bedeutet. Wofür Sie sich auch entscheiden, möglicherweise für beides und zwei Kameras: die Qualität Ihrer Bilder wird durch die Qualität des verwendeten Filmmaterials entscheidend mitbestimmt. Deshalb verwenden wir Filme, die auch von Profis gekauft werden.

Kodak beispielsweise, auf dem Filmsektor weltweit führend, bietet Filme für jede Kamera und jede Aufnahmesituation an. Die gebräuchlichsten Filme auf Reisen und auch sonst: Kodacolor Gold Film für Papierbilder in satten, natürlich wirkenden Farben, und Ektachrome oder Kodachrome Filme für brillante Farbdias. Es gibt diese Filme in verschiedenen Lichtempfindlichkeiten: Mit dem Kodacolor Gold 200 Film (24°) werden Sie die meisten Tageslichtverhältnisse meistern, ebenso – falls Sie Dias bevorzugen – mit dem Ektachrome 200 oder dem Kodachrome 200 Film. Ein farblich überaus interessantes Material ist auch der neue Ektachrome 100 HC Film (21°). Für Aufnahmen bei wenig Licht und für Aufnahmen mit langbrennweitigen Teleobjektiven stehen auch Filme mit 400 und 1000 ISO (27° und 31°) zur Verfügung. So z.B. der neue Kodak Ektar 1000 Film, das in dieser Empfindlichkeitsklasse schärfste Material für Papierbilder mit exzellenter Farbwiedergabe.

Eine grundsätzliche Anmerkung noch zum Filmkauf: decken Sie den Filmbedarf für Ihre Reise bei Ihrem Fotohändler. Er wird Ihnen einwandfreies Material zu vernünftigen Preisen anbieten. Im Ausland müssen Sie fast überall mehr dafür bezahlen und oft auch für Material, dessen Qualität z.B. durch Hitzeeinwirkung gelitten hat. Wichtig ist auch, daß Ihre belichteten Filme möglichst bald in ein Fotolabor gegeben werden, damit Sie die Farben auf Ihren Bildern so wiederfinden, wie Sie sie gesehen haben.

Wie beim Filmmaterial sollten Sie auf Qualität und Ausrüstung der Kamera Wert legen – handlich in der Bedienung, vielseitig in der Aufnahmetechnik und trotzdem klein im Gepäck. Besonders das Objektiv ist entscheidend für die Qualität Ihrer farbiger Aufnahmen. Deshalb sind lichtstarke Zoomobjektive eine empfehlenswerte Ausrüstung. Bei Leica z.B. die Vario-R-Objektive 1:3,5/35-70 mm und Vario R 1:4/70-210 mm mit unerreichten Zeichnungseigenschaften in der Kleinbildfotografie.

Die heute viel verwendeten Kompaktkameras sind natürlich die einfachste Ausrüstung, um seine Urlaubserinnerungen festzuhalten. Auch in diesem Markt hat Leica mit ihren Qualitätsobjektiven ein Angebot: Leica AF-C1 ist mit allen Automatikfunktionen und einem Bifokal-Objektiv ausgestattet, das sich von der Weitwinkelposition 1:2,8/40 mm auf Knopfdruck in die Telestellung 1:5,6/80 mm umschalten läßt. Mit beiden Brennweiten sind auch Nahaufnahmen bis 70 cm möglich.

Und nun – viel Erfolg für ein „farbiges Reiseerlebnis".

REISE-NOTIZEN

REISE-NOTIZEN

REISE-NOTIZEN

REISE-NOTIZEN

REISE-NOTIZEN

Goldstadt-Reiseführer

EUROPA

Deutschland
Bayerischer Wald (2309)
Bodensee und Umgebung (2303)
Fichtelgebirge (2318)
Fränkische Schweiz (2319)
Harz (2305)
Oberpfalz (2310)
Odenwald (2313)
Schwäbische Alb, Donautal (2304)
Schwarzwald Nord (2302)
Schwarzwald Süd (2301)

Frankreich
Franz. Atlantikküste (2076)
Bretagne (4077)
Burgund (4072)
Cote d'Azur (2070)
Cote Languedoc - Roussillon (2071)
Korsika (2015)
Das Tal der Loire (4078)
Provence u. Camargue (2032)
Vogesen, Straßbg., Colmar (2023)

Griechenland (4218)
Kreta (2055)
Korfu (2054)
Rhodos (2022)

Großbritannien
Mittelengland -
   East Anglia (4082)
Nordengland (4083)
Schottland (4059)
Südengland (2058)

Irland (4042)

Island (4043)

Italien
Apulien u. Kalabrien (31)
Elba (2044)
Gardasee und Iseosee (2012)
Florenz (66)
Friaul - Julisch Venetien (2028)
Italienische Riviera (4)
Meran mit Ausflügen (2009)
Golf von Neapel (2025)
Rom (2026)
Sizilien (2024)
Südtirol (2010)
Toskana (2041)

Jugoslawien
Jugoslawische Adria (2027)

Malta Gozo, Comino (2046)

Niederlande (4216)

Österreich
Burgenland (2062)
Kärnten (2060)
Salzburger Land (2061)
Steiermark (2063)
Wien (2064)

Portugal (211)
Algarve (2011)
Azoren (6201)
Lissabon (2081)
Madeira (2045)

Schweiz
Berner Oberland (50)
Tessin (2051)
Zentralschweiz (49)

Skandinavien
Dänemark (4016)
Finnland (4040)
Lappland (29)
Norwegen (4039)
Schweden (4033)

Spanien
Costa Blanca (20)
Costa Brava (2002)
Costa del Sol,
   Costa de la Luz (2019)
Gran Canaria (2036)
   Lanzarote, Fuerteventura
Mallorca (2003)
Nordwestspanien (18)
Südspanien (4200)
Teneriffa (2035)
   La Palma, Gomera, Hierro

Tschechoslowakei (2013)

Ungarn (2037)

UDSSR
Leningrad (4214)
Moskau (4213)

Zypern (Republik, 4017)

AFRIKA

Algerien mit Sahara (4212)
Marokko (30)
Mauritius (6234)
Namibia -
   Südwestafrika (6265)
Nigeria (204)
Seychellen (6229)
Südafrika (6215)
Tunesien (4021)

AMERIKA

Bolivien (6219)
Brasilien (245)
Chile (241)
   mit Feuerland u. Osterinsel
Cuba (246)
Ecuador mit Galapagos (6243)
Kolumbien (6242)
Peru (220)
USA - Gesamt (4207)
USA - Der Südwesten (6255)
New York (4038)
Venezuela (6244)

ASIEN
INDISCHER OZEAN
PAZIFISCHER OZEAN
Birma (235)
China (236)
Hawaii (6233)
Hong Kong (4222)
Israel (6251)
Japan (6224)
   Tokyo, Nara, Kyoto
Malaysia (6226)
Malediven (6228)
Nordindien und Nepal (6209)
Seoul (6237)
Südindien (6208)
Sri Lanka (6227)
Thailand (206)
Türkei (4217)

AUSTRALIEN (6231)
Neuseeland (6232)

Sprachführer

Die einfache Hörsprache –
lesen und sofort leicht sprechen

1401 Französisch		1406 Portugiesisch	
1402 Englisch		1407 Italienisch	
1403 Spanisch		1408 Türkisch	
1404 Griechisch		1409 Russisch	
1405 Serbokroatisch			

Wanderführer

Spaziergänge u. Wanderungen vom
halbstündigen Küstenspaziergang
bis ganztägigen alpinen Bergtouren,
Fahrpläne und kleiner Sprachführer,
Übersichts- und Routenskizzen,
Fotos sw und Farbe, 96 Seiten.

Elba (453)	**Korsika** (455)
Gomera (452)	**Samos** (456)
Ischia (454)	**Teneriffa** (451)

Reisebücher
DER GROSSE GOLDSTADT

Bermuda (8702)
Reiseführer für Urlaubs- und Business-
Travellers. Impressionen und Informatio-
nen in Texten, Farbbildern und Karten.

Bermuda englisch (8705)

Heilige Stätten (8704)
Pilgerziel Jerusalem – allen
jüdischen, christlichen und moslemischen
heiligen Stätten widmet sich dieser
Pilger-, Reise- und Kunstführer.

Kenia
Safari- und Reiseführer (8706)
Marianne Mengier aus Erlangen schreibt:
„Wir sind viel in der Welt unterwegs,
aber kaum ein Reiseführer hat uns so
gute Dienste geleistet. . ."
FAZ: „... brillante Fotos ..., man hat das
Gefühl, daß man sich auf den Text ver-
lassen kann..."